ARNO HOLZ

Die Familie Selicke

DRAMA IN DREI AUFZÜGEN

MIT EINEM NACHWORT
VON FRITZ MARTINI

PHILIPP RECLAM JUN. STUTTGART

Der Text folgt der Ausgabe: Neue Gleise, Gemeinsames von
Arno Holz und Johannes Schlaf. In drei Theilen und einem
Bande. Berlin: F. Fontane, 1892. – Orthographie und Inter-
punktion wurden behutsam modernisiert.

Universal-Bibliothek Nr. 8987
Alle Rechte vorbehalten. © 1966 Philipp Reclam jun., Stuttgart
Gesamtherstellung: Reclam, Ditzingen. Printed in Germany 1983
ISBN 3-15-008987-5

PERSONEN

Eduard Selicke, *Buchhalter*

Seine Frau

Toni,   *22 Jahre alt*

Albert, *18   „   „*

Walter, *12   „   „*   *ihre Kinder*

Linchen, *8   „   „*

Gustav Wendt, *cand. theol.,*
   Chambregarnist bei ihnen

Der alte Kopelke

   Zeit: Weihnachten
   Ort: Berlin N

ERSTER AUFZUG

Das Wohnzimmer der Familie Selicke

Es ist mäßig groß und sehr bescheiden eingerichtet. Im Vor-
dergrunde rechts führt eine Tür in den Korridor, im Vorder-
grunde links eine in das Zimmer Wendts. Etwas weiter hinter
dieser eine Küchentür mit Glasfenstern und Zwirngardinen.
Die Rückwand nimmt ein altes, schwerfälliges, großgeblum-
tes Sofa ein, über welchem zwischen zwei kleinen, vergilbten
Gipsstatuetten „Schiller und Goethe" der bekannte Kaulbach-
sche Stahlstich „Lotte, Brot schneidend" hängt. Darunter, im
Halbkranze, symmetrisch angeordnet, eine Anzahl photo-
graphischer Familienporträts. Vor dem Sofa ein ovaler Tisch,
auf welchem zwischen allerhand Kaffeegeschirr eine bren-
nende weiße Glaslampe mit grünem Schirm steht. Rechts von
ihm ein Fenster, links von ihm eine kleine Tapetentür, die in
eine Kammer führt. Außerdem noch, zwischen den beiden
Türen an der linken Seitenwand, ein Tischchen mit einem
Kanarienvogel, über welchem ein Regulator tickt, und, hin-
ten an der rechten Seitenwand, ein Bett, dessen Kopfende,
dem Zuschauerraum zunächst, durch einen Wandschirm ver-
deckt wird. Über ihm zwei große, alte Lithographien in
fingerdünnem Goldrahmen, der alte Kaiser und Bismarck.
Am Fußende des Bettes, neben dem Fenster, schließlich noch
ein kleines Nachttischchen mit Medizinflaschen. Zwischen
Kammer- und Küchentür ein Ofen; Stühle.

Frau Selicke, etwas ältlich, vergrämt, sitzt vor dem Bett und
strickt. Abgetragene Kleidung, lila Seelenwärmer, Hornbrille
auf der Nase, ab und zu ein wenig fröstelnd. Pause.

Frau Selicke *(seufzend).* Ach Gott ja!
Walter *(noch hinter der Szene, in der Kammer).* Mamchen?!
Frau Selicke *(hat in Gedanken ihren Strickstrumpf fal-*
len lassen, zieht ihr Taschentuch halb aus der Tasche, bückt
sich drüber und schneuzt sich).
Walter *(steckt den Kopf durch die Kammertür. Pausbak-*

ken, *Pudelmütze, rote, gestrickte Fausthandschuhe). Mamchen? Darf ich mir noch schnell 'ne Stulle schneiden?*

Frau Selicke *(ist zusammengefahren).* Ach, geh, du un-
gezogner Junge! Erschrick einen doch nich immer so! *(Ist
aufgestanden und an den Tisch getreten.)* Kannst du denn
auch gar nich 'n bißchen Rücksicht nehmen?! Siehst du
denn nich, daß das K i n d krank ist?

Walter *(ist unterdessen aufs Sofa geklettert und trinkt nun
nacheinander die verschiedenen Kaffeereste aus. Den Zuk-
ker holt er sich mit dem Löffel extra raus).* Aber ich hab
doch noch solchen Hunger, Mamchen?

Albert *(ebenfalls noch hinter der Szene, in der Kammer,
deren Tür jetzt weit aufsteht. Man sieht ihn vor einer kleinen Spiegelkommode, auf der ein Licht brennt. Knüpft sich
grade seine Krawatte um. Hemdärmel).* Ach was, Mutter!
Jieb ihm lieber 'n Katzenkopp un denn is jut!

Frau Selicke *(die jetzt Walter die Stulle schneidet).* Na,
du, Großer, sei doch man schon ganz still! Du verdienst ja
noch alle Tage welche! Ich denk, ihr seid überhaupt schon
lange weg?

Albert *(ärgerlich).* Ja doch! Gleich! Aber ich wer' mir doch
wohl noch erst den Rock abbürschten können?

Frau Selicke. Na ja, gewiß doch! Steh du man immer
recht vorm Spiegel und vertrödle recht viel Zeit! Da werd't
ihr ja euern lieben Vater sicher noch finden! Der wird heute
grade noch auf'm Comptoir sitzen!

Albert. Ach Jott! Nu tu doch man nicht wieder so! Vor
sechs kann er ja doch heute sowieso nich aus'm Geschäft!

Frau Selicke. So! Na! Und wie spät denkste denn, daß
es jetz' is? *(Hat während des Streichens der Stulle einen
Augenblick innegehalten, den Schirm von der Lampe gerückt, die Brille auf die Stirn gerückt und nach dem Regulator gesehen.)* ... Jetz' is gleich Dreiviertel!

Albert. Ach, Unsinn! Die jeht ja vor!

Frau Selicke *(für sich, fast weinend).* Hach nee! Ich sag
schon! Sicher is er nu wieder weg, und vor morgen früh
wer'n wir 'n ja dann natürlich nich wieder zu sehn kriegen!
Nein, so ein Mann! So ein Mann! ...

Albert *(noch immer in der Kammer und vorm Spiegel).*
Hurrjott, Mutter! Räsonier doch nich immer so! Du w e i ß t
ja noch gar nich!

Frau Selicke. Ach was! Laß mich zufrieden! Beruf mich nich immer! Ich weiß schon, was ich weiß! *(Unwirsch zu Walter.)* Da — haste! Klapp se dir zusammen, und dann macht, daß ihr endlich fortkommt! Aus euch wird auch nischt!

(Es klingelt. Einen Augenblick lang horchen beide. Frau Selicke ist zusammengefahren, Walter starrt, die Stulle in der Hand, mit offenem Munde über die Lampe weg nach der Tür, die ins Entree führt.)

Frau Selicke *(endlich).* Na? Machste nu auf, oder nich?

(Walter hat die Stulle liegen lassen und läuft auf die Tür zu. Er klinkt diese auf und verschwindet im Entree.)

Albert *(der eben aus der Kammer getreten ist, in der er das Licht ausgelöscht hat. Zieht sich noch grade seinen Überzieher an. Aus der Brusttasche stecken Glacés, zwischen den Zähnen hält er eine brennende Zigarette, an einem breiten, schwarzen Bande baumelt ihm ein Kneifer herab. Modern gescheitelt. Hut und Stöckchen hat er einstweilen auf den Stuhl neben dem Sofa plaziert. Zu Frau Selicke, indem er mit dem Fuße die Tür hinter sich zudrückt).* Nanu? Das kann doch unmöglich schon der Vater sein?

Frau Selicke *(die sich wieder mit dem Kaffeegeschirr zu tun macht, unruhig).* Ach wo!

(Unterdessen ist draußen die Flurtür aufgegangen, und man hört die Stimme des alten Kopelke. „Brrr... is det heit 'n Schweinewetter!?" — Die Tür klappt wieder zu, und jetzt schreit Walter laut auf, ausgelassen. „Ach! Olle Kopelke! Olle Kopelke!" — „Nich doch, Kind, nich doch; du tust mir ja weh! Du drickst mir ja! Du mußt doch abber ooch heer'n! Da — nimm mir mal lieber hier 'n bisken det Menneken ab! ... Brrr ... nee ... äl!")

Albert *(zu Frau Selicke, sich die Handschuhe zuknöpfelnd).* Ach, der alte Quacksalber?!

Frau Selicke. Na, du, Großmaul, wirst doch nich immer gleich das Geld gebn für'n Dokter!

Albert *(aufgebracht).* Ach, Blech! Nich wahr? Nu fang wieder davon an! ...

Walter *(noch halb im Entree).* Au, Mamchen, sieh mal! 'n Hampelmann! Mamchen, 'n Hampelmann! *(Er kommt mit ihm ins Zimmer getanzt. Zum alten Kopelke zurück.)* Wah! den schenken Se mir?

Kopelke *(behutsam hinter ihm drein. Klein, kugelrund, freundlich, Vollmondsgesicht, glattrasiert. Sammetjoppe, Pelzkappe, Wollschal).* Sachteken! Sachteken!

Albert *(hat sich den Stock schnell unter den Arm geklemmt und sich den Kneifer aufgesetzt, affektiert).* Ah, gutn Abend, Herr Kopelke.

Kopelke. 'n Abend! 'n Abend, junger Herr! *(Reicht Frau Selicke die Hand.)* 'n Abend! *(Nach dem Bett hin.)* Na? Und meine kleene Patientin? Ick muß doch mal s e h n kommen?

Frau Selicke *(weinerlich).* Ach Gott ja! Na, ich kann wohl schon sagen!

Kopelke *(sie beruhigend).* Ach wat, wissen Se! det ... det ... e ...

Walter *(hat sich unterdessen mit seinem Hampelmann abgegeben, ihm die Zunge gezeigt, „Bah!" zu ihm gemacht und tänzelt nun mit ihm um den alten Kopelke rum, diesen unterbrechend).* Olle Kopelke! Olle Kopelke!

Kopelke *(sanft abwehrend).* Ach, nich doch, Kind! det 's jo unjezogen! Du mußt nich immer Olle Kopelke sagen! Det jeheert sick nich!

Walter *(Rübchen schabend).* Oh ...! Olle Kopelke! ...

Albert *(wütend).* Hörst du denn nich, du Schafskopp? Du sollst still sein!

Walter *(den Ellbogen gegen ihn vor).* Nanu? Du hast mir doch jarnischt zu sagen?

Albert *(holt mit der Hand aus).*

Frau Selicke *(mit dem Strickstrumpf, den sie unterdessen wieder aufgenommen hat, dazwischen).* Nein! Nein! Nun sehn Sie doch bloß! Die reinen Banditen! Das Kind! Das Kind! Nehmt doch wenigstens auf das Kind Rücksicht!

Albert *(der sich achselzuckend wieder abgewandt hat).* Natürlich! So is recht! Bestärk ihn man noch immer! Dem läßt du ja alles durchgehn! Der kann ja machen, was er will! Aus dem Bürschchen erziehst du ja schon was Rechtes! Vater hat janz recht!

Frau Selicke. Nein! Nein! Nu hören Se doch bloß. Und da soll man sich nich gleich schlag r ü h r e n d ärgern?

Kopelke *(zu Albert).* Sachteken, werter junger Herr, sachteken ... *(Zu Frau Selicke).* Immer in Jiete, Mutter! Det ville Jehaue und det ville Jeschumpfe nutzt zu janischt, zu

reenjanischt! ... Ibrijens ... *(er hat sich mitten in die Stube
gestellt und schnuppert nun nach allen Seiten in der Luft
rum)* ... wat ick doch jleich noch sagen wollte ... det ...
det ... riecht jo hier so anjenehm nach Kaffee? ... Hm!
Pf! Brrr! ... Nee, dieset Schweinewetter?! Ick bin – wahhaftijen Jott – janz aus de Puste! *(Er hat sich seinen großen, dicken Wollschal abgezerrt und schlenkert ihn nun
nach allen Seiten um sich rum.)* Kopp wech! *(Zu Walter,
den er dabei getroffen hat.)* He? Wah det d e i n e Neese?
W a l t e r *(der sich den Schnee von den Backen wischt, vergnügt lachend).* Hohohoo!
A l b e r t *(bereits äußerst ungeduldig, den Hut in der Hand).*
Na, jedenfalls ich jeh jetzt! Wir kommen ja sonst w a h r -
h a f t i g noch zu spät!
F r a u S e l i c k e. Ja, ja! Macht man, daß ihr fortkommt!
K o p e l k e *(zu Albert).* Aha! Wol zu Pappan uf't Kontor?
A l b e r t *(ausweichend).* Ach! ja! Das heißt ... e ... wir
wollten so ... bloß 'n bißchen vorbeijehn.
K o p e l k e *(ihm mit einer Handbewegung gutmütig zublin-
zelnd, verschmitzt).* Weeß schon! *(Zu Frau Selicke, halb
ins Ohr.)* Edewachten kenn ick doch? ... *(Wieder zu Albert.)* Na, denn ... e ... denn beeilen 'sick man! Sowat
looft weg!
A l b e r t *(schon unter der Tür stehend zu Walter, der sich
eben seinen Hampelmann an die Jacke knöpft).* Na, willste
nu so jut sein oder nich?
W a l t e r *(gibt dem alten Kopelke die Hand).* Atchee!
K o p e l k e. Atchee, mein Sohn, Atchee! Un jrieß ooch Vatern!
F r a u S e l i c k e. Na, und die Stulle? *(Reicht sie ihm noch
schnell nach, Walter beißt sofort in sie hinein.)* Und dann,
sagt, er soll gleich hierherkommen! Sagt, Toni is auch schon
da! Wir warten schon!
A l b e r t *(hat die Tür bereits aufgeklinkt und macht nun zum
alten Kopelke hin eine stumme, zeremonielle Verbeugung).*
K o p e l k e. Wah mich sehr anjenehm, werter junger Herr!
Wah mich sehr anjenehm! (Die beiden verschwinden. Draußen im Entree schlägt Walter hin. Schreit. Albert: „Na, du
Ochse!")
F r a u S e l i c k e. Ei Herrgott! Was is denn nu schon wieder ... *(Will auf die Korridortür zu, draußen schlägt die*

Flurtür zu.) Hach! Gott sei Dank, daß man die Gesellschaft endlich los ist!

K o p e l k e *(sich die Hände reibend, schmunzelnd).* Jo! Wah
is't! 'n bisken wiewe s i n d se! Abber – Jotteken doch! det
is doch nu mal nich anders! det ...

(Vom Bett Geräusch und Husten.)

F r a u S e l i c k e *(wirft ihr Strickzeug in das Kaffeegeschirr
und eilt auf das Bett zu).* Ach, nein! Ich sag schon! Nu
haben sie ja das arme Kind glücklich wieder wachkrakeelt
... Na, mein liebes Herzchen? ... Wie ist dir, mein liebes
Linchen, he? *(Kleine Pause. Frau Selicke hat sich übers
Bett gebeugt, leises Stöhnen.)* Hast du Schmerzen, mein
liebes Puttchen?

L i n c h e n *(feines, rührendes Stimmchen).* Ma – ma – chen?

F r a u S e l i c k e. Ja, mein Herzchen? Hm?

L i n c h e n. Ma – ma – chen?

F r a u S e l i c k e. Hast du Appetit, mein Schäfchen? ... Nein?
Ach, du mein Mäuschen!

L i n c h e n. Ich – bin – so – müde ...

F r a u S e l i c k e. Ach, mein Herzchen! Aber nicht wahr? Du
willst jetzt noch einnehmen?! Onkel Kopelke ist ja da!

L i n c h e n. On – kel – Ko – pel – ke?

K o p e l k e *(hat sein rotbaumwollenes Schnupftuch gezogen
und schneuzt sich).*

F r a u S e l i c k e *(halb zu ihm zurückgewandt).* Wollen Sie se
mal sehn? Ich misch solange die Tropfen! *(Läßt ihn ans
Kopfende treten und mischt während des Folgenden am
Fußende des Bettes, auf dem Nachttischchen, die Medizin.)*

K o p e l k e *(hat sich jetzt ebenfalls über das Bett gebeugt.
Täppisch-zärtlich).* Na, Lin'ken? Kennste mir noch? Ach
Jotteken doch, d i e Ärmken! Nich wah? Det – watt doch
mal, Kind, 'n Oogenblickchen! – Det ... tut doch nich
weh? ... Na, sehste!! Ick sag ja! Det ... det is allens man
auswendig! Det 's janich so schlimm! Uf de Woche kannste
all dreist widder ufstehn! Denn jehste for Mamman bei'n
Koofmann! Denn jehste mit ihr uf'n Marcht! Inholen!
He? Weeßte noch? Uf'n Pappelplatz? Der mit 't Schiel-
ooge? „J u n g e n s" sag ick, „B a n d e! Wehrt ihr wol det
M e e c h e n sind lassen?" Abber da!! Heidi! Wat haste,
wat kannste! ... Nich wah? Nu nehmste abber ooch sau-

ber in? *(Zu Frau Selicke, während er diese ans Bett treten läßt.)* Wat det Kind bloß for'n Schwitz hat?!

Frau Selicke *(besorgt)*. Nich wahr? Ach Gott ja!

Kopelke *(beruhigend)*. Abber det ... e ... wissen Se! ... Det ... det is immer so! Det is nu mal nich anders! Det ... *(Schneuzt sich abermals.)*

Frau Selicke *(kommt mit dem Löffel)*. Na, Linchen? Ist dir wieder besser?

Linchen. Ach – ich – will – nicht – einnehmen!

Frau Selicke. O ja, meine Kleine! Du willst doch wieder gesund werden?!

Linchen. Es – schmeckt – so – bitter!

Frau Selicke. Nicht weinen, mein Schäfchen! ... Komm! ... Sonst zankt der Herr Doktor wieder! Nicht wahr, Onkel Kopelke?

Kopelke *(eifrig nickend)*. Ja, ja, Kindken! Det muß nu mal so sind! Det jeheert sick!

Frau Selicke. Nicht wahr? Hörst du? Komm, mein Liebling! Ja?

Linchen. Es – schmeckt – so – bitter!

Frau Selicke. Aber nachher kannst du ja wieder spazierengehn, mein Mäuschen?! Und Emmchen zeigt dir auch ihre Bilderbücher! Ja? ... Komm! ... Na, nu mach doch, Linchen! ... Du mußt doch aber auch folgen! ... Gucke doch! ... Ich verschütte ja das ganze Einnehmen? ... *(Sie hat ihr leise die Hand unters Köpfchen geschoben.)*

Linchen. Au! Au! ... Du – ziepst – mich!

Frau Selicke. Oh! ... Na so! ... Nich wahr? ... Fest! Drück die Augen zu! ... Schlucke! Tüchtig! ... Siehst du? ... Nicht weinen, nicht weinen! ... So! Nicht wahr? Nu is alles wieder gut! Nu is alles vorbei!

Linchen *(dreht sich jetzt unruhig in ihren Kissen rum und hustet gequält)*.

Frau Selicke. Mein armes, armes Herzchen! Der alte, böse Husten! ... So! ... Nu rücken wir bloß noch 'n bißchen das Kissen höher, nicht wahr? und dann schläfst du schön wieder ein! *(Bückt sich über sie und küßt sie.)* Ach, du mein süßes Puttchen! *(Nachdem sie den Wandschirm jetzt noch näher ans Bett gerückt, zum alten Kopelke.)* Ach, Gott nein! Nu sagen Se doch bloß? Muß man da nich

rein verzweifeln? Das geht nu schon tagelang so! Sie wacht
geradezu nur noch auf Minuten auf!

Kopelke *(die Hände in den Taschen seiner Joppe, nach-*
denklich vor sich hin). Hm! ...

Frau Selicke. Und aus dem Doktor wird man auch nicht
mehr klug! Der sagt einem ja nichts! Der kommt
kaum noch! Und ... und ... na ja, wenn wir Sie nicht
noch hätten ...

Kopelke *(leichthin).* Jo! ... na! ... Wissen Se: det kommt
jo bei mir nich so druf an! *(Begütigend.)* det verseimt mir
jo weiter nich! det's jo man immer so in Vorbeijehn! det –
ach wat! det hat jo janischt zu sagen! det's jo Mumpitz!!
... Abber det, wissen Se, det mit de Dokters, verstehn Se,
da hab'n Se eejentlich woll nich so janz Unrecht! Ick ...
nu ja! Se wissen ja! Ick bin man sozusagen 'n janz eenfacher Mann ... Abber det kann 'k Ihn' versichern: jeholfen hab 'k schon manchen! ... Jott! Ick kennt jo wat bei
verdienen! Wat meen'n Se woll! Abber sehn Se ... will
'k denn? Ick ... nu ja! Ick bin nu mal so! *(Eifrig.)* Wissen
Se? de Hauptsach' is jetz': man immer scheen warm halten! det Ibrije, verstehn Se, det Ibrije jiebt sick denn janz
von alleene! Janz von alleene! Ick sag: man bloß nich immer so ville mang der Natur fuschen, sag ick! ... Det mit
die olle Medizin da zun Beispiel ...

(Es klopft an Wendts Tür.)

Frau Selicke. Bitte, Herr Wendt, bitte! Treten Sie nur ein!

Wendt *(ist mehr als mittelgroß und sehr schlank. Feine,*
bleiche Gesichtszüge, das halblange, schwarze Haar einfach
hintenübergekämmt. Dunkle, peinlich saubere Kleidung,
kein Pastoralschnitt. Die Tür hinter sich schließend zu Frau
Selicke). Verzeihen Sie! Ich dachte ... *(Zum alten Kopelke,*
ihm die Hand reichend.) Ah! 'n Abend, Herr Kopelke!
Wie geht's?

Kopelke *(geschmeichelt).* 'n Abend, werter junger Herr!
Och, ick danke! Immer noch uf een langet un een kurzet
Been! ... Is mich sehr anjenehm ... is mich sehr anjenehm
... *(Hört nicht auf, Wendts Hand zu schütteln.)*

Wendt *(zu Frau Selicke rüber).* Fräulein Toni wollte doch
heute etwas früher kommen?

Frau Selicke *(die Achseln zuckend).* Ja! Na – Sie wissen
ja! Wie das so is!

Kopelke *(Wendt zublinzelnd und ihm scherzhaft mit dem Finger drohend).* Freilein Toni? Na wachten Se man, Sie kleener Scheeker! ... Frau Selicken? Ick sage: passen Se mir ja uf die beeden jungen Leite uf! *(Wieder zu Wendt.)* Det is mich doch schon lange so? ... he? Sie?

Frau Selicke *(lächelnd).* Ach, lieber Gott, ja!

Wendt *(der ebenfalls gelächelt hat, zum alten Kopelke).* Na, aber Scherz beiseite! Ich wollte ihr mal – da sehn Sie mal! – das da zeigen! *(Er hat ein großes, zusammengeknifftes Papier aus der inneren Brusttasche gezogen und es dem alten Kopelke überreicht.)*

Kopelke. Oh! ... He! ... Na – ick ... e ... Se meen'n, ick soll det hier – lesen, meen'n Se?

Wendt *(aufmunternd).* Gewiß, gewiß, Herr Kopelke! Ich bitte Sie sogar darum!

Kopelke. Oh! ... He! ... Na, ick – bin so frei! *(Ist mit dem Papier zur Lampe getreten. Zu Frau Selicke.)* Man ... e ... Hab'n Se da nich wo Ihre Brille, Frau Selicken?

Frau Selicke *(umhersuchend).* Meine Brille? Ach Gott ja! ich ...

Kopelke *(sie ihr von der Stirn nehmend).* Lassen Se man, ick hab ihr schon! *(Setzt sie sich auf.)* So! Na! Nu kann't losjehn! *(Hat das Papier sorgfältig entfaltet und liest es nun, die Arme weit von sich weg. Nach einer kleinen Pause, über die Brille zu Wendt hinüberschielend).* Nanu?

Wendt *(der ihn lächelnd beobachtet).* Na?

Frau Selicke *(neugierig).* Was denn?

Wendt *(lächelnd).* Ja, ja, Frau Selicke!

Frau Selicke *(wie ungläubig).* Was?

Kopelke *(hat das Papier unterdessen wieder sorgfältig zusammengefaltet und gibt es nun wieder an Wendt zurück. In komischem Pathos).* Nee, wissen Se! Det kennen Se von mir nich verlangen! Dazu jratulieren Se sick man alleene!

Wendt *(lachend, das Papier wieder einsteckend).* Na, na!

Frau Selicke *(zum alten Kopelke).* Was denn? Was denn, Herr Kopelke?

Kopelke *(zu Frau Selicke, komisch).* Paster! Landpaster! Mit'ne Bienenzucht un 'ne lange Feife! *(Wieder zu Wendt.)* Nee, wissen Se! Da kennen Se sagen, wat Se wollen, verstehn Se, abber for die Brieder sind Se ville zu schade!

F r a u   S e l i c k e *(die Hände zusammenschlagend).* Aber
   Herr Kopelke?!
K o p e l k e. Ach wat! *(Hat sich wieder sein Schnupftuch her-
   vorgezogen und schneuzt sich.)*
W e n d t *(ihm vergnügt auf die Schulter klopfend).* Na, las-
   sen Sie man! 'n hübsches Weihnachtsgeschenk bleibt's doch!
   Was, Frau Selicke?
F r a u   S e l i c k e *(immer noch ganz erstaunt).* Ach, nein!...
   wahrhaftig? Also Sie sollen jetzt wirklich Pastor werden?
W e n d t. Nun ja! Und ... wie Sie sehn! Ich freue mich sogar
   von Herzen drüber!
F r a u   S e l i c k e. Ach ja! Und Sie waren ja auch immer so
   fleißig! Ich habe Sie wahrhaftig manchmal recht bedauert!
   Wenn ich so denke, so die ganzen letzten Wochen, Tag und
   Nacht, immer hinter den Büchern ...
W e n d t. Ach, ich bitte Sie! Was hing aber auch nicht alles
   davon ab? Alles! Alles! Geradezu alles! – Und dann, was
   ich Ihnen noch gleich sagen muß, ich reise jetzt natürlich
   nicht erst Drittfeiertag, sondern schon morgen!
F r a u   S e l i c k e. Schon morgen?
W e n d t. Ja! Na, die Sachen sind ja schon alle so gut wie ge-
   packt, und ... e ... aber ich vergesse ganz! *(Zum alten
   Kopelke.)* Sie sprachen vorher von Linchen?
K o p e l k e. Ick? Nu ja! Ick ... det heeßt ... ick ... e ...
   (sieht zu Frau Selicke hinüber.)
F r a u   S e l i c k e. Aber setzen Sie sich doch, Herr Kopelke!
   Woll'n Se sich nicht setzen? Ich mach Ihnen noch schnell
   'ne Tasse Kaffee!
K o p e l k e *(zu Wendt).* Hm ... ja ... sehn Se, ick ... *(Plötzlich zu Frau Selicke.)* 'ne Tasse Kaffe? *(In sich hinein-
   schmunzelnd, sich vergnügt die Hände reibend.)* Hm! ...
   'ne Tasse Kaffe is jo wat sehr wat Scheenet! Wat sehr wat
   Scheenet! ... Abber ... Nee, Frau Selicken! Nee! Heite
   nich! Det verlohnt sick nich! Wahhaftijen Jott! Abber ick
   muß heite noch unjelogen hinten in de Druckerei! ... Se
   wissen ja! Det mit de ollen, deemlichen Krankenkassen! ...
F r a u   S e l i c k e *(nach der Küche hin).* Na, denn werd ich
   wenigstens noch 'n paar Kohlen unterlegen! *(Mit einem
   Blick auf die Uhr.)* Toni muß ja jeden Augenblick kommen! *(Verschwindet durch die Küchentür, hinter der bald
   darauf ein Licht aufblitzt.)* 'n Augenblickchen!

Kopelke *(mit krummgezogenem Buckel, sich schmunzelnd die Hände reibend. Ihr nachsehend)*. Scheeniken! Scheeniken!

Wendt *(langt seine Zigarrentasche vor)*. Aber ich darf Ihnen doch wenigstens 'ne Zigarre anbieten?

Kopelke. Oh!... He!... Na! Ick bin so frei, von Ihr jietijet Anersuchen – mbf! – Jebrauch zu machen, werter, junger Herr! Abber...e...*(winkt Wendt zu sich heran; dieser beugt sich ein wenig zu ihm, Olle Kopelke hält ihm die hohle Hand ans Ohr)*... ick meen man! Ick beraube Ihnen!

Wendt. Oh, ich bitte Sie!

Kopelke. Na, wissen Se! So 'n junger Student hat det ooch nich immer so dicke!... Na, ick meen man!

Wendt. Junger Student?! Oho!

Kopelke. A so! *(Blinzelt ihm zu.)* Na! Ibrijens bin ick dar-in durchaus keen Unmensch! *(Kneift sich mit den Fingernägeln die Spitze von der Zigarre und bückt sich über die Lampe.)* Abber... nee, wissen Se! *(Mit einem Blick zum Bett hin.)* Ick weer ihr man doch lieber draußen roochen! Se nehmen mir det doch nich iebel?

Wendt. Bewahre, Herr Kopelke! Im Gegenteil! Hier hätten Sie sie ja doch sowieso nicht rauchen können! Selbstverständlich!

Kopelke. Ja, un denn – na ja! wat ick also noch sagen wollte!... Se mee'n, mit det Kind, mee'n Se?

Wendt. Ja! Ich...e... Sie können sich ja denken, wie mich das unmöglich gleichgültig lassen kann!... Der Arzt scheint sich ja, wenigstens soviel ich darüber weiß, überhaupt nicht äußern zu wollen...

Kopelke *(klopft sich mit der Zigarre auf dem Daumen herum)*. Ja, wissen Se! Offen jestanden! Abber det kann ick den Mann eejentlich janich verdenken! Denn Se könn'n sagen, wat Se wollen – ick bin man sozesagen 'n janz eenfacher Mann, verstehn Se! Abber det kann 'k Ihn'n sagen: mit det Kind is't retour jejangen! Schon wenn se een'n immer so anseht, verstehn Se! – wahrhaft'jen Jott, abber so wat kann eenen durch un durch jehn!

Wendt *(finster)*. Hm... Also Sie meinen, daß wirklich Gefahr vorliegt?

Kopelke *(ausweichend)*. Jott! det nu jrade! Det will

ick nu jrade nich jesagt haben! Abber, wie det so is, verstehn Se! Et mangelt hier den Leiten an't Neetichste, wissen Se! *(Macht die Bewegung des Geldzählens.)* Die kennen ooch man nich immer so, wie se wollen!

Wendt *(geht erregt ein paarmal auf und ab).* Ach Gott,
ja!... Na! Es wird ja mal... anders werden!

Kopelke. Ja! Wenn eener immer ville Jeld hat, wissen Se,
denn mag't ja wol noch jehn! Ja, det liebe Jeld!... Neh'm
Se mir mal zun Beispiel! Ick wah ooch nich uff'n Kopp
jefallen als Junge! Ick wah immer der Erste in de Schule!
Wat meen'n Se woll?!... Abber de Umstände, wissen Se!
de Umstände! Et half nischt! Vatter ließ mir Schuster
weer'n!... Freilich, mit die Schusterei is det nu ooch nischt
mehr heitzudage! Die ollen Fabriken, wissen Se! Die ollen
Fabriken rujeniren den kleenen Mann!... Sehn Se! So bin
ick eejentlich, wat man so 'ne verfehlte Existenz nennt!
Nu bin ick sozesagen alles un janisch!... Ja!... Da bring
'k mal een'n durch'n Prozeß, da wird mal'n bisken jeschu-
stert, dann mal mit de Homöopathie und denn mit det
Silewettenschneidern, wie det jrade so kommt, verstehn
Se! Ja!... Freilich! Se haben alle nischt, die armen Dei-
bels, den'n ick... *(Die Uhr schlägt sechs.)* Wat?! Sechsen
schon?! Hurrjott!... *(wickelt sich schnell den Schal um)*
... den'n ick jeholfen hab meen ick!... *(Umhersehend.)*
Hanschuh'n hat ick ja wol zufällig keene nich jehappt?...
Na, abber man krepelt sick so durch! *(Wendts Hand schüttelnd.)* Wah mich sehr anjenehm, werter junger Herr, wah
mich sehr anjenehm!... Dunnerwettstock, det wird ja die
allerheechste Eisenbahn! *(Macht ein paar eilige Schritte
auf die Korridortür zu, besinnt sich dann aber wieder und
kehrt aber.)* Na, ick kann ja denn ooch mal jleich hinten
rum! *(Schon in der Küchentür.)* Un denn, det ick det nich
verjesse: Verjniegte Feierdage! Morjen frieh seh ick Ihn'
doch noch?

Wendt. Oh, danke, danke! Natürlich!

Kopelke. Scheeniken! Atchee! *(Klinkt die Küchentür auf.)*
'n Abend, Frau Selicken!

Frau Selicke *(hinter der Szene in der Küche).* Was? Sie
wollen schon gehn?

Kopelke *(während er die Küchentür wieder hinter sich zudrückt).* Na, wat meen'n Se woll?...

Wendt *(einen Augenblick allein. Sieht sich zuerst aufatmend im Zimmer um und tritt dann vorsichtig an das Bett Linchens. Eine kleine Weile beobachtet er sie, dann klingelt es plötzlich im Korridor, und er geht hastig aufmachen).* Ah, endlich!

Toni *(tritt ein. Sie trägt ein großes, in ein schwarzes Tuch eingeschlagenes Bündel vor sich her. – Sie ist mittelgroß, schlank, aber nicht schwächlich. Blond. Schlichter, ein wenig ernster Gesichtsausdruck. Einfaches, dunkles Kleid, langer, braungelber Herbstmantel. Schwarze, gestrickte Wollhandschuhe).*

Wendt *(mit ihr zugleich eintretend und nach dem Bündel fassend).* Geben Sie!

Toni *(abwehrend).* Ach, lassen Sie ... ich kann ja ...

Wendt *(nimmt ihr das Paket ab).* Geben Sie doch! *(Indem er es aufs Sofa trägt.)* Und das haben Sie vom Alexanderplatz bis hierher getragen?

Toni *(sich die Handschuhe ausziehend, nickt lächelnd. Etwas scherzhaft-wichtig).* Getragen: Ja!

Wendt. Bei der ...?

Toni. Nun – ja! Es war etwas unbequem bei der Kälte! *(Hat die Handschuhe auf den Tisch zwischen das Kaffeezeug gelegt und tritt nun, indem sie sich ihren Mantel aufknöpfelt, an das Bett Linchens.)* Sie schläft? Ach, das arme Puttelchen! *(Ist wieder etwas zurückgetreten.)* Aber ... nein! Ich will doch erst lieber – ich habe die Kälte noch so in den Kleidern! *(Zu Wendt, der ihr jetzt behilflich ist, den Mantel abzulegen.)* Danke; danke schön, Herr Wendt! Wollen Sie so gut sein, da an den Nagel? *(Reicht ihm auch noch ihren Hut hin und stellt sich nun an den Ofen.)* Ach, ist der schön!

Wendt *(der ihr unterdessen Hut und Mantel an die kleine Kleiderknagge zwischen der Korridortür und dem Wandschirm gehängt hat).* Wissen Sie auch, Fräulein Toni, daß ich heute schon auf Sie gewartet habe?

Toni. Ach nein! Wirklich? Auf mich?

Wendt *(hat sich, die Arme gekreuzt, mit dem Rücken gegen den Tisch ihr gegenübergestellt, aber so, daß das Licht der Lampe noch auf sie fällt).* Ja. Und na? Raten Sie mal, weshalb!

Toni *(lächelnd).* Ach, das rat ich ja doch nicht! Sagen Sie's
mir lieber!

Wendt. Ja? Soll ich's sagen?

Toni. Ja.

Wendt *(zieht das Papier aus der Tasche und reicht es ihr).*
Na ... da! Lesen Sie mal!

Toni. Was denn? *(Sie hat sich, noch immer am Ofen, mit
dem Papier etwas gegen die Lampe gebückt und liest nun.)*
Ah! Grade heute zum Heiligen Abend! *(Hat das Papier
sinken lassen und sieht einen kleinen Augenblick in die
Lampe. Langsam, leise.)* Ja! Das ist ja recht schön! Da
können Sie sich recht freuen!

Wendt. Nicht wahr?

Frau Selicke *(aus der Küche, deren Tür sie eben aufgemacht hat).* Wo bleibst du denn so lange? *(Mit einem Blick
auf das Bündel auf dem Sofa.)* Ach, du bist wieder ...
Armes Mädchen! ... Wart! Ich bring dir gleich noch 'n
bißchen heißen Kaffee! *(Sie will wieder in die Küche zurück.)*

Toni *(die unterdessen das Papier auf den Tisch gelegt hat,
auf sie zutretend).* Mutterchen?! – Wart mal! ... Hier!
(Man hört Geld klappern.) Eins – zwei – drei ...

Frau Selicke. Ach, Gott ja! ... Das liebe bißchen ... das
wird wieder weg sein, man weiß nicht, wie!

Toni. Ist denn der Arzt dagewesen?

Frau Selicke. Ach, nein! Du weißt ja! Der alte Kopelke!

Toni. So? Was sagt er denn?

Frau Selicke. Bist du ihm nicht unten begegnet? Er sagt
... *(zuckt die Achseln)* nichts Bestimmtes! Man wird ja
keinem Menschen mehr klug! *(Plötzlich.)* Ach Gott! Ich
hab so eine Ahnung! Du sollst sehn, wir behalten sie nicht!
(Schluchzt.)

Toni *(tröstend).* Ach Gott, Mutterchen! *(Nach einer Weile.)*
Ist denn der Vater noch nicht da?

Frau Selicke *(wieder beruhigt).* Ach, der!

Toni *(abermals nach einer kleinen Pause).* Und die Jungens?

Frau Selicke. I! die wolltn 'n vom Comptoir abholen!
Aber die treiben sich ja doch wieder auf dem Markt rum,
die Schlingels! Das ist ja doch die Hauptsache! Die können's auch nicht satt kriegen! ... Na, ich will nun ... Du

bist ja ganz durchfroren! *(Geht wieder in die Küche zurück.)*

Toni *(die wieder zum Ofen getreten ist)*. Dann reisen Sie nun wohl bald?

Wendt *(der unterdessen ans Fenster getreten war und die ganze Zeit über auf den Hof hinab gesehn hatte. Er hat sich wieder umgedreht und sieht nun, sich mit den Händen hinten aufs Fensterbrett stützend, wieder zu Toni hinüber)*. Ja! Morgen!

Toni *(leicht erschreckt)*. Morgen schon?

Wendt. Ja!

Toni *(nach einer kleinen Pause)*. Ach, die Handschuhe! *(Holt sie und tritt mit ihnen an das kleine Tischchen links, in dessen Schublade sie sie hineintut. Lächelnd.)* Sehn Sie mal! Da hat er wieder den S p i e g e l neben's Bauer gestellt ... Der Vogel soll denken, es is noch 'n andrer da, mit dem er sich unterhalten kann ... Der Vater spricht mit dem Vogel, als wenn er ein Mensch wär'!

Wendt *(ist vom Fenster weggetreten und steckt nun das Papier vom Tisch wieder in seine Rocktasche)*. Ja! ja! ...

Toni. Hm? ... Mätzchen! Mätzchen! ... Ordentlich zärtlich ist er mit ihm! Der Vater ist ein großer Tierfreund!

Wendt *(der unterdes auf sein Zimmer links im Vordergrund zugegangen ist, sieht ihr, die Hand auf der Klinke, einen Augenblick lang unentschlossen zu. Zögernd)*. Ja! ich ...

Toni *(ihn unterbrechend)*. Ach sagen Sie doch: Wie spät ist's denn? *(Mit einem Blick auf den Regulator.)* Der kann doch unmöglich richtig gehn?

Wendt *(der jetzt die Tür aufgeklinkt hat)*. Etwas nach sechs.

Toni. Nach sechs? Da müßte er doch nun ... *(Seufzt.)*

(Wendt geht langsam in sein Zimmer. – Toni, die ihm nachgesehn hat, bleibt einen Augenblick in Gedanken stehn, seufzt und geht wieder auf den Sofatisch zu. Sie nimmt das Bündel auf den Teppich runter und knotet es auf. Frau Selicke kommt mit dem Kaffee.)

Frau Selicke. Hier! Nu trink erst! *(Setzt die Kanne auf den Tisch.)*

Toni *(die sich vor dem geöffneten Bündel auf dem Teppich niedergekauert hat)*. Ja, gleich!

Frau Selicke *(hat sich leicht auf den Sofatisch gestützt und sieht ihr zu).* Mäntel? ... Da kannst du wieder die ganzen paar Feiertage sitzen! Ach ja! Du hast doch auch gar nichts von deinem Leben!

Toni *(immer noch mit dem Ordnen der Zeugstücke beschäftigt).* Na! 's ist doch wenigstens ein kleiner Nebenverdienst!

Frau Selicke *(aufseufzend).* Ach ja, ja!

Toni. Aber ein Leben auf den Straßen? Kaum zum Durchkommen!

Frau Selicke *(nickend).* Das glaub ich! ... Du wirst dich schön haben schleppen müssen mit dem alten Bündel! Bist du denn nich wenigstens ein Stück mit der Pferdebahn gefahren?

Toni. Ach, alles voll! Alles voll! Da war gar nicht anzukommen!

Frau Selicke *(ihr die Tasse zuschiebend).* Aber du trinkst ja gar nicht! Trink doch erst!

Toni. Ja! *(Erhebt sich und schenkt sich den Kaffee ein. Ihn schlürfend, von der Tasse zu Frau Selicke aufsehend.)* Schön warm!

Frau Selicke. Bist du der Mohr'n vorhin begegnet?

Toni. Ja, auf der Treppe! Sie hielt mich an!

Frau Selicke. Sie wollte mal wieder horchen? Nicht wahr?

Toni. Ja! ... Sie fing natürlich von Linchen an! Und, was wir diesmal für'n schlechten Weihnachten durchzumachen hätten und so, na du weißt ja! *(Sie bückt sich wieder zu ihren Mänteln.)*

Frau Selicke. Nein, solche Menschen! Um was die sich nich alles kümmern!

Toni. Na, von mir bekommt sie nichts raus!

Frau Selicke. Die mögen schön über uns schwatzen! ... Solche Menschen! Die sollten sich doch lieber an ihre eigne Nase fassen! Die! Die trinkt Bier wie'n Kerl! Den richtigen Bierhusten hat sie schon! Hast du noch nicht gemerkt?

Toni. Na, ja! Laß doch man, Mutterchen! Laß sie alle machen, was sie wollen! Sie geben uns ja doch nichts dazu! *(Ist aufgestanden und steht nun, die Hände unter der Tischplatte, da.)* Rück doch mal'n bißchen den Tisch! Ich möchte mir da die Mäntel zurechtlegen! *(Frau Selicke hilft ihr.)* Der Vater kann doch jetzt unmöglich mehr auf dem Comptoir sein?

Frau Selicke *(hat vom Tisch wieder ihren Strickstrumpf aufgenommen und sich die Brille aufgesetzt. Vom Stuhl vor dem Bette Linchens her).* I, ich dachte gar!... Wer weiß, wo der jetzt wieder steckt!

Toni *(hinter dem Tisch auf dem Sofa die Zeugstücke ordnend).* Na, er wird auf dem Weihnachtsmarkt sein und ein bißchen einkaufen, für Linchen!

Frau Selicke. I, jawoll doch! Und... du lieber Gott, was soll nicht alles von den paar Groschen bezahlt werden! Wer weiß übrigens, ob er diesmal so viel zu Weihnachten kriegt wie sonst!... Er tut wenigstens so!... Das heißt, auf den kann man sich ja nie verlassen! Der sagt einem ja nie die Wahrheit!... Andre Männer teilen ihren Frauen alles mit und beraten sich, wie's am besten geht, aber unsereiner wird ja für gar nichts ästimiert! Der weiß ja alles besser!... Nein, so ein trauriges Familienleben wie bei uns... Paß mal auf: Der hat heute wieder ein paar Pfennige in der Tasche und kömmt nu vor morgen früh nich nach Hause!

Toni. Na, ich dachte gar!... das wäre doch!... Heute!

Frau Selicke. Na, du wirst ja sehn! Vergangne Nacht hat mir wieder mal von Pflaumen geträumt, und dann kann ich jedesmal Gift drauf nehmen, daß es Skandal gibt!

Toni. Ach Gott! darauf kann man doch aber nichts geben!

Frau Selicke. Na, paß auf! Meine Ahnungen trügen mich nie!

Toni. Aber wie kann man bloß so abergläubisch sein, Mutterchen!

Frau Selicke. Abergläubisch? Nein, gar nicht! Ich bin gar nicht abergläubisch! Aber es ist doch komisch, daß es bis jetzt jedesmal eingetroffen ist!

Toni. Ach, Mutterchen!

Frau Selicke. Nein, nein! Du sollst sehn! Ich kann mich heilig drauf verlassen! *(Weinerlich.)* Paß mal auf! Paß mal auf!

Toni. Ach siehst du, Mutterchen! Wenn du dich vorher schon immer so ängstlich machst, dann ist es ja gar kein Wunder!... Mach's wie ich! Laß ihn kommen! Widersprich ihm mit keinem Wort! ... Laß ihn räsonieren, soviel wie er will! Einmal muß er dann doch aufhören, und durch sein Räsonieren wird es ja doch nicht besser.

Frau Selicke. Ach Gott ja! Eigentlich ist's auch wahr! Man müßte gar nich drauf hören! Wenn ich nur nich so nervös wäre! Wenn ich ihn dann aber so sehe, in seinem Zustande, und er kommt dann auch noch mit seinen Ungerechtigkeiten, dann kann ich mich nich halten! ... Es ist mir rein unmöglich! ... Dann läuft mir jedesmal die Galle über!

Toni. Siehst du! Aber grade dadurch wird es immer erst schlimm! Laß ihn schimpfen, die Augen rollen, Fäuste machen. Du mußt es gar nicht beachten! Schließlich tut er ja doch nichts! ... Siehst du, du mußt mich nicht falsch verstehn! aber ich glaube, du hast ihn von Anfang an nicht recht zu behandeln gewußt, Mutterchen!

Frau Selicke. Ja: 's is auch wahr! ... Er hätte nur so eine recht Resolute haben sollen!

Toni. Ach, nein! So meinte ich's nicht! ... Ach!

Frau Selicke. Nein! 's ist ja wirklich wahr! ... Da soll man sich nun nicht empören! ... Hier liegt das arme Kind krank, man weiß nich vor Sorgen wohin! Andre Leute freuen sich heute, und wir ... Na! und denn soll man ihm auch noch freundlich entgegenkommen? ... Das k a n n ich einfach nicht! Das k a n n ich nicht!!

Toni *(seufzend).* Aber dann würde er sicher anders sein, wenn du dich ein bißchen zwängst, Mutterchen! ... Er ist ja im Grunde eigentlich gar nicht so schlimm, wie er tut!

Frau Selicke. Er hat mich die ganzen Jahre her zu schlecht behandelt! Ich k a n n mich nicht überwinden, freundlich mit ihm zu sein!

Toni. Ach ja, ja! *(Kleine Pause. Holt aus dem Tischchen links ihr Nähzeug vor, setzt sich einen Stuhl an den Sofatisch und beginnt zu nähen.)*

Frau Selicke. Willst du heute noch nähen?

Toni. Ja, ein bißchen!

Frau Selicke. Ach! das ist nun Heiligabend! Das sind Festtage! ... So einen traurigen Weihnachten haben wir wirklich noch nie gehabt!

Toni. Na! Eine kleine Freude macht er Linchen und den Jungens doch! Und wir andern? Liebe Zeit ...

Frau Selicke *(gähnt).* Ach, bin ich – müde! ... Nächte-

lang hat man kein Auge zugetan, und mein Fuß tut auch
wieder so weh...

Toni. Ja! Leg dich ein bißchen hin, Mutterchen! Du strengst
dich überhaupt viel zu sehr an! Das solltest du gar nicht!

Frau Selicke. Ja, ja! Du hast eigentlich auch recht! Ich
will mich 'n bißchen schlafen legen! *(Zum Bett hin.)* Ach,
mein Mäuschen! *(Ist aufgestanden, hat ihr Strickzeug zu-
sammengewickelt und es mit der Brille auf den Tisch gelegt.)* Heute nacht hat man ja doch wieder keine Ruhe!
Das weiß ich schon! Ach ja!... *(Gähnt. Schon in der Kammertür.)* Ja, und nun geht Herr Wendt auch schon zu den
Feiertagen, und eh' man dann wieder 'n Mieter kriegt!...
Ach Gott ja!... Na!... *(Verschwindet in der Kammer.)*

Toni *(über ihre Arbeit gebückt, allein. Pause. Ab und zu
seufzt sie. Fernes Glockengeläute, das eine Zeitlang während des Folgenden fortdauert. – Es klopft an Wendts Tür.
Toni zuckt leicht zusammen. Dann).* Herein?

Wendt *(tritt ein).* Störe ich?

Toni. O nein!... Wünschen Sie etwas?

Wendt *(zum Tisch tretend).* Ich?... Nein! *(Sieht ihr einen
Augenblick zu.)* Sie arbeiten heute noch?

Toni. Ja! 's hilft nichts! Ich muß in den Feiertagen damit
fertig werden!

Wendt. In den Feiertagen?... Mit... mit all den Mänteln
da?

Toni *(lächelnd).* Ja! Ein tüchtiges Stück Arbeit ist es!...
Hören Sie? Die schönen Weihnachtsglocken!

Wendt *(während er sich ebenfalls einen Stuhl holt und
diesen neben den Tonis stellt).* Ja! Die Weihnachtsglocken!
Die Weihnachtsglocken!

Toni. Hören Sie das Glockengeläute nicht gern?

Wendt. Die Berliner Glocken sind schrecklich! So eilig!
So... so... eh! *(Macht eine Handbewegung.)*

Toni. Wie?

Wendt. Ach! So – nervös, mein ich!

Toni. Nervös? Ach!

Wendt. Nein! Ich höre die Glocken hier nicht gern!

Toni. Sie wollen doch aber nun Pastor werden?

Wendt. Ja!

Toni. Zu Weihnachten klingen sie immer schön, find ich!...
Als ich noch ganz klein war, ging der Vater mit uns am

ersten Feiertagmorgen in die Christmette. Ganz früh. Wir
wurden dann tüchtig eingemummelt, und jedes hatte ein
kleines Wachsstöckchen. Das wurde in der Kirche angezün-
det, und wenn wir dann wieder nach Hause kamen, krieg-
ten wir beschert. Ich muß immer daran denken, wenn ich
hier zu Weihnachten die Glocken höre!... Freilich, so
schön klingen sie nicht wie bei uns zu Hause!

(Kleine Pause. Man hört nur ein wenig stärker und näher
das Geläute.)

W e n d t *(ein wenig erregt).* Ach ja! Das... damals... da-
mals waren sie... Weihnachten war schöner damals!...
Hm: – *(Beugt sich zu ihr hin, ohne sie anzusehen.)* Toni!
Sagen Sie mal!

T o n i. Wie?

W e n d t. Ich meine... hm! Ja! Ich mußte – nur eben wieder
daran denken – daß ich nun morgen, morgen schon von
hier fortgehe!

T o n i *(ohne aufzusehn).* Ja! Sie bekommen ja nun – eine
Stellung!

W e n d t. Eine Stellung! *(Sich zurücklehnend.)* Komme nun,
sozusagen, in geordnete, bürgerliche Verhältnisse. Ja! Eine
Landpfarre!

T o n i. Aufs Land kommen Sie?

W e n d t. Ja, aufs Land! Aufs Land!

T o n i. Ach, das muß Ihnen gewiß recht angenehm sein! Es
hat Ihnen ja sowieso nicht mehr recht in der Großstadt gefallen!

W e n d t. Ja, man lernt hier so viel kennen!... Aber nun!
Landpastor also!... Eine lange Pfeife, wie der Herr Kopelke sagt, eine Bienenzüchterei und... und hahaha!

T o n i *(sieht auf).* Sie sagen das so sonderbar! Sind Sie mit
Ihrer Stellung nicht zufrieden?

W e n d t. Ach, das... das ist ja gleichgültig!

T o n i. Gleichgültig?

W e n d t. Ach, das... Es könnte freilich – unter Umständen –
recht schön sein! *(Sieht Toni plötzlich voll an, diese bückt*
sich noch tiefer über ihre Arbeit.) Aber ich wollte ja...
Ich meinte... *(Er beugt sich wieder zu ihr hin.)* Alle die
Mäntel müssen Sie nun also in den – Feiertagen nähen?

T o n i *(leise, ernst).* Ja! Es macht freilich so mehr Mühe mit

der Hand! Aber mit der Nähmaschine geht's jetzt nicht,
wo Linchen krank ist. *(Pause.)* Ja, das wird nun ...
W e n d t. Wie meinen Sie?
T o n i. Zwei Jahre haben ... Sie nun ... hier gewohnt!
W e n d t. Aber die Handarbeit: ... das fortwährende Nähen
muß doch Ihre Gesundheit sehr angreifen!
T o n i *(mit einem Lächeln).* Ach, ich bin nicht schwächlich!
Man muß nur Ausdauer und ein bißchen Geduld haben.
W e n d t *(sich zusammenraffend).* Geduld ... Ja! Toni! Ich
wollte Sie nun etwas fragen! ... Ich habe schon einmal ...
Sie nahmen's damals für Scherz ... und ich sah damals
auch ein, daß ich noch kein Recht hatte ... Aber jetzt kann
ich Sie ja mit mehr Recht fragen ... Jetzt, wo ich in – ge-
ordnete Verhältnisse komme: Ich meine ... wollen ... wol-
len Sie mir auf meine – Landpfarre folgen? *(Das Geläute
hört auf.)*
T o n i. Sie ... ob ich – Ihnen ...
W e n d t. Ja! Ob Sie mir jetzt folgen wollen?
T o n i. Ach ... *(Sie bricht in Tränen aus.)*
W e n d t. Sie weinen?!
T o n i. Warum ... das ist – nicht recht von Ihnen, daß Sie
wieder davon – sprechen!
W e n d t. Nicht recht?! ... Warum?! ... Toni! Jetzt?
T o n i. Das – geht ja doch nicht! Das geht ja nicht!
W e n d t. Das – geht nicht?!
T o n i. Nein! ... Ach Gott!
W e n d t. Aber warum denn nicht?
T o n i. Ach Gott!
W e n d t. Es geht, Toni! J e t z t g e h t e s ! ... Wissen Sie:
in diesen Tagen fand ich hier ein Buch!
T o n i. Ein ... Buch?
W e n d t. Ein einfaches Büchelchen! ... Zwei Bogen gelbes
Konzeptpapier in ein Stück blaue Pappe geheftet. Mit sol-
chem weißen Zwirn da! Jemand hatte es hier liegen lassen,
aus Versehn!
T o n i *(sehr verwirrt).* Ein ... das ...
W e n d t. Ich habe darin gelesen! ... Es waren allerlei No-
tizen darin! Tagebuchnotizen! Selbstbekenntnisse, die eine
für sich gemacht hatte, die immer so still und bescheiden ist,
alles mit sich selbst im stillen abmacht und auskämpft! ...

Toni *(weint heftiger).* Ach!... Warum haben Sie darin gelesen?

Wendt *(rückt näher zu ihr und sucht ihr ins Gesicht zu sehn).* Ich war sehr, sehr glücklich, als ich das alles las!

Toni. Ach! Ich... aber ich d a r f doch hier nicht fort!

Wendt. Du d a r f s t nicht?! Toni! Bist du... ich meine: kannst du's hier – aushalten?! Bist du hier glücklich?!

Toni *(immer noch weinend).* O Gott! O Gott!

Wendt *(sehr erregt).* Nein! Nein! Das ist unmöglich, Toni! ... Ich habe vorhin, drin in meinem Zimmer, gehört, was du mit deiner Mutter sprachst! Ich habe mehr als zwei Jahre hier gewohnt und alle die Szenen mit angehört, die furchtbaren Szenen!... Ich habe euer ganzes, unglückliches Familienleben kennengelernt! Zwei Jahre lang hab ich das alles gehört und gesehen! Zwei Jahre lang! Und es hat mich... *(Stöhnt auf.)* Und du! Wenn man denken muß: zweiundzwanzig Jahre hast du in alle dem Elend gelebt und hast es ertragen müssen! Zweiundzwanzig Jahre!... Herr mein Gott! Zweiundzwanzig Jahre!

Toni *(verlegen – trotzig).* Oh, der Vater ist gut... ein bißchen aufbrausend, aber... Ach Gott! *(Schluchzt.)*

Wendt *(verbittert).* Gut! Gut! *(Lacht auf, zornig.)* Nein! Nein! Du d a r f s t nicht länger bleiben! Du d a r f s t nicht länger in diesem traurigen Elend leben! Hörst du, du verdienst das nicht! Du paßt nicht hierher!

Toni. Aber ich...

Wendt. Hast du denn gar kein Bedürfnis nach Glück?!

Toni *(schüchtern, forschend).* Glück?! Ich – weiß nicht!... Ich – verstehe Sie nicht!

Wendt. Ach, ich spreche da! Ich... ich meine: hast du denn nicht manchmal den Wunsch gehabt, hier wegzukommen, in ruhige, schöne Verhältnisse? Wo du nicht Tag für Tag – Herrgott! – T a g f ü r T a g ! all das Elend hier vor Augen hast? Wie?

Toni. Aber...

Wendt *(leise, etwas höhnisch).* Ich habe auch d a v o n etwas in dem kleinen, blauen Büchelchen gelesen! Siehst du? Ich kenne dich ganz genau! Du bist auch nur ein Mensch!

Toni. Ach! Warum haben Sie nur... *(Weint von neuem.)*

Wendt *(fortgerissen).* Nein! Es ist ja hier... Das k a n n ja kein Mensch e r t r a g e n ! Dein Vater: brutal, rücksichtslos, deine Mutter krank, launisch; beide eigensinnig; keiner kann sich überwinden, dem andern nachzugeben, ihn zu verstehen, um ... um der Kinder willen! Selbst jetzt, wo sie nun alt geworden sind, wo sie mit den Jahren vernünftiger geworden sein müßten! Die Kinder m ü s s e n ja dabei zugrunde gehn! Und das ist i h r e S c h u l d, die sie gar nicht wiedergutmachen können! Einer schiebt sie auf den andern! Keiner bedenkt, was daraus werden soll! ... Und das nun schon lange, schrecklich lange Jahre durch! Dabei Krankheit und Sorge ... Furchtbar! Furchtbar!! Wenn man sich in den Gedanken versenkt ... tt! ... Nein, das ist alles zu, z u schrecklich! Das sind keine vernünftigen Menschen mehr, das sind ... Ae! Sie sind einfach jämmerlich in ihrem nichtswürdigen, kindischen Haß! ... *(Ist aufgesprungen und geht nun mit großen Schritten im Zimmer umher.)*

T o n i *(schluchzend).* Oh, wie können Sie nur so von Vater und Mutter sprechen! Sie sind beide so gut! Wie können Sie das nur sagen!

W e n d t *(sich mäßigend. Setzt sich wieder zu ihr, den Stuhl noch näher zu ihr rückend).* Oh, ich ... t! ... H ö r e doch nicht, was ich schwatze! Ich ... Nein! Ich meine ... du kannst doch u n m ö g l i c h hier b l e i b e n! ... Weine doch nicht, liebe Toni! Mißversteh mich doch nicht! Ich meinte ja nur! ... Sieh mal! Du mußt dich ja bei all dem Elend a u f r e i b e n! Es ist unerträglich, geradezu u n e r t r ä g l i c h, daß du – du! – hier verkümmern sollst! ... Und mach dich doch nicht stärker, als du bist, Toni! Ich w e i ß es ja, Toni! Siehst du, ich w e i ß es ja, daß du dich hier heraussehnst!

T o n i. Oh, wenn man mal ... 'n bißchen ... ungeduldig ist! ... Das habe ich nur so – hingeschrieben!

W e n d t. Nur so ...? Ach was! Das glaubst du ja selbst nicht, Toni! Das war ja ganz natürlich?! Ganz berechtigt?!

T o n i. Ach sprechen Sie doch nicht mehr davon! Ich bitte Sie! ... Sprechen Sie nicht mehr davon!

W e n d t. Siehst du? Du hast Angst, das zu hören! Aber doch! G r a d e mußt du das hören! Die Aufopferung muß doch ihre Grenze haben! ... Zweiundzwanzig Jahre! Einen Tag nach dem andern, jahraus, jahrein, immer dasselbe Elend, dieselbe Not! Das ist ja gradezu der pure Selbstmord!

Nein! Du mußt hier fort! Du hast ein Recht, an dich
und deine Zukunft zu denken! ... Warum sollst du hier
verkümmern? Warum?! Was kann dich dazu verpflich-
ten?! ... Was hat dein Vater und deine Mutter getan,
daß sie das verdienen? Nun?! ... Haben sie an deine Zukunft gedacht?!

Toni. Ich ... ich weiß nicht! ... Ach, reden Sie doch nicht
so! Sagen Sie doch das nicht!

Wendt. Heute, am Heiligen Abend, sitzt du da in Angst
und Bangen, wo sich jeder freut, und flickst dich krank!
Nein! Das ist — empörend!! Das ... Sieh mal, Toni! Warum sollte es nicht gehn? Tust du ihnen denn nicht selber
einen Gefallen? Es muß ihnen doch nur lieb sein, wenn du
„versorgt" bist?! Wenn sie einen „Esser wen'ger" haben?
Ist dein Vater nicht vielleicht grade deshalb so, weil er sich
über deine Zukunft Sorge macht? Hat er dir nicht mehr
wie einmal vorgeworfen, daß du noch hier bist?

Toni. Oh, das meint er ja nur so!

Wendt. Soso!

Toni. Und dann ... die Mutter! Ich kann doch die Mutter
nicht hier so allein lassen? Sie ist so krank und schwächlich!
Sie kann mich gar nicht entbehren!

Wendt *(eifrig, faßt ihre Hand)*. Ach, was das anbetrifft;
sieh mal ...

Toni *(horcht auf)*. Warten Sie mal! *(Entwindet ihm ihre
Hand, steht auf und schleicht sich auf Spitzzehen zum Bett
hin. Einen Augenblick beobachtet sie die Kranke, dann
kehrt sie wieder zurück.)* Nein! ... Ich dachte ... Linchen
... *(Pause)* ... Und ... *(Weint noch heftiger.)*

Wendt *(hat sie die ganze Zeit gespannt beobachtet und
bricht nun seufzend zusammen)*. Ach Gott ja! *(Sich auf
seinem Stuhl wieder aufrichtend.)* Sieh mal! Was das anbetrifft ... und ... Linchen ... Du meinst Linchen? ... Oh,
sie ist ja in den letzten Tagen ... man kann doch unmöglich sagen, daß es grade schlimmer mit ihr geworden ist! ...
(Schneller.) Sieh mal! Wenn sie dich nun versorgt wissen,
ist ihnen doch schon eine große Last genommen! Und dann
könnten wir sie ja auch unterstützen, nicht wahr? Und
wenn erst ihre äußere Lage etwas besser ist, dann ist ja
auch vieles, vieles gleich ganz anders! Und dann ... ja,
dann sind sie ja auch mit den Jahren – dieses Zusammen-

leben so gewohnt geworden! Nicht wahr? Sie würden vielleicht etwas e n t b e h r e n , wenn sie's anders hätten auf
einmal, ich meine – versteh mich! – wenn sie's g a n z anders hätten!... Der Mensch gewöhnt sich ja an das Aller-
unglaublichste!

T o n i. Ach, nein... nein...

W e n d t *(in höchster Aufregung, sich aber noch fassend).*
Toni!... Ich weiß nicht, du hast so viele Bedenken, so
viele... Sag's! Sag's grade raus! Hast du das vielleicht –
a u c h nur so geschrieben, daß... daß du... mich lieb
hast? K a n n s t du mir nicht folgen, weil... du mich...
nicht lieb hast?

T o n i. Ob ich dich...? Aber... o Gott! Was sag ich!

W e n d t *(freudig).* Oh, nicht wahr? *(Drückt ihr die Hand.)*
Liebe!

T o n i *(schluchzt nur).*

W e n d t *(wieder sehr erregt).* Und dann, liebe Toni, siehst
du? muß ich dir noch e t w a s sagen! Ich bin... ich weiß
nicht... aber du mußt mich r e c h t verstehn, ich... ich
bin so gut wie – tot! *(Toni sieht ihn erschrocken an und
rückt in naivem Schreck unwillkürlich ein wenig von ihm
ab. Hat aufgehört zu weinen. Wendt spricht das Folgende
immer noch in größter Erregung wie zu sich selbst.)* Als ich
zu studieren anfing, da war ich frisch und lebendig, voll
Hoffnung! Da glaubte ich noch an meinen Beruf! Da hatte
ich noch Ziele, für die ich mich begeisterte!... Aber das
hat sich alles geändert!... Seitdem ich hierher gekommen
bin in dieses... in die Großstadt, mein ich... und all das
furchtbare Elend kennengelernt habe, das ganze Leben:
seitdem bin ich – innerlich – so gut wie tot!... Ja, das hat
mir die Augen aufgemacht!... Die Menschen sind nicht
mehr das, wofür ich sie hielt! Sie sind selbstsüchtig! Brutal
selbstsüchtig! Sie sind nichts weiter als Tiere, raffinierte
Bestien, wandelnde Triebe, die gegeneinander kämpfen,
sich blindlings zur Geltung bringen bis zur gegenseitigen
Vernichtung! Alle die schönen Ideen, die sie sich zurechtgeträumt haben, von Gott, Liebe und... eh! das ist ja
alles Blödsinn! Blödsinn! Man... man tappt nur so hin.
Man ist die reine Maschine! Man... eh! es ist ja alles
lächerlich! *(Mit einer hastigen Bewegung zu ihr.)* Siehst du,
liebe Toni! Deshalb k a n n s t du und d a r f s t du einfach

gar nicht „Nein" sagen! Du bist meine einzige Rettung!...
Ich könnte ohne dich keinen Tag mehr leben, oder ich
müßte verrückt werden, einfach verrückt! Du... du bist
das einzige, woran ich nicht zweifle! Alles andre versteh
ich! Alles andre ist mir so unheimlich klar und durchsich-
tig! Aber du... du?!... Wenn ich dich so sehe, so still
leidend, so geduldig, da... möcht ich dich – haben!!...
für dich leben, verstehst du? Und... alles andre... hahaha!... ich pfeife, pfeife drauf!... Nur du... du!!...
*(Sieht sie an, kommt plötzlich wieder zu sich und springt
auf.)* Du!... Was... was hab ich – gesprochen? Du
weinst?! Mädchen!... Herrgott! *(Rückt ganz nahe zu ihr.
Spricht das Folgende sehr sanft.)* Ach, siehst du! Das war
ja alles Unsinn, Torheit! Ich weiß nicht... tt!... Ich
meinte... siehst du?... man lernt soviel kennen in der
Welt, was einen niederdrückt, mißmutig macht... so
m a n c h m a l mein ich!... Nicht wahr?... Deshalb wirft
man ja aber doch die Flinte nicht gleich ins Korn?!... Das
geht allen so!... Ich meinte nur: wenn zwei, so wie wir,
sich zusammentäten, dann würd' et ihnen leichter, das Leben zu ertragen!... So meint' ich!... Ich habe da... ich
weiß nicht, wie ich das alles so hingeschwatzt habe!...
Das ist ja alles selbstverständlich!... Es ist ja weiter gar
nichts dabei!... Es ist ganz einfach! Weine doch nicht
mehr, mein liebes, liebes Mädchen!... Nein, ich... ich...
Narr!... Beruhige dich!... Beruhige dich doch!... Hörst
du?... Hab ich dich so erschreckt?

T o n i *(rückt näher zu ihm, schmiegt sich an ihn).* Nein, ich
... ich bedaure dich so!

W e n d t *(sie an sich drückend).* Du – bedauerst mich?! Mädchen!

T o n i. Kannst du denn dann aber Pastor werden?

W e n d t *(glücklich).* Ach das... das ist ja eine Form! Das
ist Nebensache!

T o n i. Aber wenn du nicht glaubst, daß... wenn du nicht
an – Gott glaubst?

W e n d t. An Gott glaubst!... Die Hauptsache ist, *(innig)*
wir werden uns dort beide auf dem Lande so wohl fühlen,
so wohl! Wir werden so glücklich sein! Nicht wahr?

T o n i. Aber...

W e n d t. Wir leben dann still für uns in ruhigen, schönen

Verhältnissen! Wir werden ganz andre Menschen sein! Und
dann sollst du sehn, wie ich den Leuten predigen werde!
Der Katechismusgott soll dann erst lebendig werden, lebendig!... Wir verstehen das Leben! Wir wissen, wie miserabel
es ist, aber wir haben dann auch, was mit ihm versöhnt!
Und das ist besser als alle Kanzelphrasen, wenn wir das
den Leuten mitteilen.

Toni. Aber ... ich weiß nicht ... wenn du doch nicht wirklich glaubst ...?

Wendt. Kein offizieller Glaube, aber ein besserer, lebendigerer! ... Laß nur! Du sollst sehn! ... Denke dir: Eine
herrliche Gegend! Laubwald! Berge! Getreidefelder! Stilles, gesundes Landleben! ... Unser Haus hinter der kleinen Dorfkirche, ganz von Weinlaub umrankt; mitten in
einem großen Obstgarten mit einem Hühnerhof. Ringsherum eine große, hohe Mauer und dadrin hausen wir,
wir beide, ganz abgeschlossen von der Welt, aber ohne
Haß, und das ist die Hauptsache! Und wenn du mir dann
sonntags in den Talar hilfst und ich durch den kleinen
Friedhof in die Sakristei spaziere, dann sollst du einmal
sehen, was ich den Leuten predigen werde! Sie sollen schon
mit dem neuen Pastor zufrieden sein! Nicht?!

Toni *(die ihm aufmerksam, vor sich hinlächelnd, zugehört
hat)*. Oh, das wäre schön!

Wendt. Ja! Nicht wahr?! Nicht wahr?!

Toni. Aber hier, was sollen sie denn hier anfangen?

Wendt. Ach, das wird dann auch alles ganz anders! Du
sollst sehn! ... Albert hat dann ausgelernt und verdient
mit zu. Walter wird ja auch bald konfirmiert und du, du
bist dann „versorgt": dann werden sie nicht mehr so viel
Grund haben ...

Toni. Ach ja! Vielleicht! ... Ach, das wäre so schön, so
schön!

Wendt. Nicht wahr?

Toni. Ja, ja! Das ginge! Vielleicht! ... Dann würde es wohl
hier besser werden!

Wendt. Sicher! Und dann ... Vergiß doch nicht! Dann sind
w i r ja auch da!

Toni. Aber Linchen! Wenn Linchen nur nicht immer so
krank wäre?!

Wendt *(hastig)*. Ach, siehst du ... sie ... sie ist ja ...

Toni *(zusammenschauernd).* O Gott, wenn sie stirbt!

Wendt. Stirbt? *(Unruhig.)* Ach, wie kommst du nur darauf?

Toni. Ach, weißt du! Ich *(weint)* habe so wenig Hoffnung!

Wendt. Aber ich bitte dich! Du hörst ja!

Toni. Ach ja, ja! ... Sie ist das einzige, was Vater und Mutter haben! Sie ist ihre einzige Freude! Wenn s i e nicht noch wäre ... Siehst du, das ängstigt mich so! Das wäre zu schrecklich! Zu schrecklich! *(Vor sich hinstarrend.)* Wenn sie stirbt und wenn ich dann a u c h noch fort wäre ... *(Wirft sich ihm um den Hals.)* Ach nein! Nein! Das g e h t ja gar nicht! Das g e h t ja gar nicht! Dann wäre hier alles noch viel, viel schlimmer ...

Wendt *(sie sanft von sich loslösend).* Aber wie kommst du denn nur darauf, liebe Toni? Es liegt ja gar kein – Grund vor! Nein! Wir nehmen sie dann später z u uns, daß sie sich in der gesunden, schönen Luft ganz erholen kann! Quäle dich doch nicht immer so! Es wird und m u ß jetzt alles besser werden! Ich hab's so im Gefühl: wenn alles am trostlosesten aussieht, wenn es gar nicht mehr schlimmer werden kann, dann m u ß sich alles zum Guten wenden! Nein! Du wirst glücklich werden, wir alle! Du wirst dort auf dem Lande wieder aufleben! Es wird eine ganz andre Welt sein! ... Du siehst ja alles nur so schwarz an, weil du n i e, nie in deinem ganzen Leben etwas andres als die Not hier kennengelernt hast!

Toni *(aufseufzend).* Ach ja! Das ist vielleicht auch wahr!

Wendt *(beugt sich über sie).* Also, nicht wahr, Toni?

Toni. Ja, ja! – Wenn ...

Wendt. Still! Still! *(Küßt sie.)* Oh, nun wird die Welt so schön werden! So schön!

Toni. Schön? ... Ach Gott ja!

Wendt. Ja! Schön! ... Trotz alledem! *(Küßt sie.)*

Toni. Lieber! *(Erwidert seinen Kuß.)*

Wendt *(nach einer kleinen Pause. Scherzend).* Fru Pastern!

Toni *(lächelnd).* Ach du!

ZWEITER AUFZUG

Dasselbe Zimmer. Es ist Nacht, durch das verschneite Fenster fällt voll das Mondlicht. Frau Selicke sitzt wieder neben dem Bett und strickt, Toni arbeitet am Sofatisch, auf welchem hinter dem grünen Schirm die Lampe brennt, Albert sitzt neben ihr, liest, blättert und gähnt ab und zu, Walter steht vorm Fenster, die Arme auf das Fensterbrett gestützt.

W a l t e r *(vom Fenster weg zu Frau Selicke hin)*. Mama! Er kömmt immer noch nich!

F r a u S e l i c k e *(müde, etwas weinerlich)*. Ach ja!... Na, heute können wir uns wieder mal auf was gefaßt machen.

W a l t e r *(sich an sie drängend, sie umfassend)*. Mamchen! Biste wieder gut mit mir?... Ja?... Mamchen!

F r a u S e l i c k e. Ja!... Ja!... Wenn du nur nich immer so ungezogen wärst!

W a l t e r. Ach Mamchen!

F r a u S e l i c k e. Ja!... Ja!...'s is schon gut!... Laß mich nur!

W a l t e r *(immer noch schmeichelnd)*. Sag, Mamchen! Biste nu aber auch wirklich g a n z gut mit mir?

F r a u S e l i c k e *(lächelnd, abwehrend)*. Na ja! Ja, du Schlingel!

W a l t e r. Armes Mamchen! *(Küßt sie und stellt sich dann wieder vor das Fenster hin. Nach einer kleinen Pause, während welcher Albert sich zurückgelehnt, die Arme gereckt und laut gegähnt hat.)* Du, Albert! Au, kuck mal! Drüben bei Krügers brennt noch der Weihnachtsbaum!

A l b e r t *(hat sich faul erhoben und ist langsam, die Hände in den Taschen, zum Fenster getreten)*. Ach wo, du Peter! Is ja man 'n Licht in der Küche! Wo soll denn jetzt noch 'n Weihnachtsbaum brennen?

W a l t e r *(ihn unterbrechend)*. Halt doch mal! Horch mal! Ging – da nich die – Haustür?!... *(Nach einer kleinen Pause, weinerlich.)* Nee! Ach, nu kann man sich w i e d e r nich hinlegen!

A l b e r t *(gähnt faul)*.

Frau Selicke. Leg dich doch schlafen! Das wehrt dir doch niemand!

Walter. Ach!... *(Wieder nach einer kleinen Pause.)* Du, kuck mal, Albert! Lauter goldne Flinkerchen hier auf'm Schnee! Wah? Das sieht hübsch aus!

Albert *(mißgelaunt)*. Ja, ja!

Walter. Ob e' was mitbringt, Mamchen? 'n Baum?

Frau Selicke *(ohne von ihrem Strickzeug aufzusehn)*. Werden ja sehn!... *(Gähnt.)* Hach ja!

Walter. Ach ja! Ich glaube!... 'n Baum hab'n wir doch jedes Jahr gehabt? Morgen früh könn'n wir 'n ja immer noch anputzen! Wah, Mamchen? Un wenn wir 'n dann abends anbrennen... wah?

Frau Selicke *(müde, abgespannt)*. Ja, ja!

Walter. Na, un' Linchen bringt er doch auch was mit? Linchen?

Frau Selicke. Na! Er wird wohl! *(Zählt ihre Maschen, seufzt.)*

Albert *(ist vom Fenster weg wieder auf den Tisch zugetreten)*. Nee, so'ne Unvernunft von dem! *(Mit einem Blick nach der Uhr.)* 's is nu halb zwei!

Toni *(sieht in die Höhe)*. Sprich mal nich so vom Vater!

Albert *(sich zu ihr aufs Sofa setzend und sie schmeichelnd um die Taille fassend)*. Ach was, Tönchen! Sei man still!... 's is doch wahr! Näh mir lieber nächstens mal 'n paar Stege an die Hosen! Wah?...

Toni *(ihn sanft von sich abwehrend)*. Ach, nich doch, Albert! Red Walter zu und geht beide zu Bett!

Frau Selicke *(unwillig vom Bett herüber)*. Ja doch! Stör uns nich immer und leg dich lieber hin für dein unnützes Schmökern da!

Albert. Na, was soll man denn machen?

Frau Selicke. Statt den ganzen Tag, wenn du frei hast, hier umherzuliegen, könntest du noch 'n bißchen Sprachen lernen! Das braucht 'n Kaufmann heutzutage! Aber du hast nich 'n bißchen Lerntrieb!

Albert. Ach was, Mamchen!

Frau Selicke. Na, mach doch, was du willst! Mir kann's egal sein!... Mir wird sowieso bald alles egal sein!... Überhaupt! Nenn mich nich immer Mamchen! Was denkste dir denn eigentlich, du Gelbschnabel?!

Albert. Na, liebe Zeit! Was wollt ihr denn nur! Ich tu doch meine Schuldigkeit im Geschäft! Da solltest du erst mal andre junge Kaufleute sehn!

Frau Selicke. Na, ja ja! Is schon gut! Wissen ja! Laß uns nur zufrieden!

Walter. Ach, nu kömmt er immer noch nich!

Frau Selicke. Leg dich zu Bett, Walter! Leg dich zu Bett!

Walter. Ach nee! Ich kann ja doch nich schlafen, Mutterchen, wenn Vater nich da is!

Frau Selicke. Oh, und nun auch noch die Schmerzen in meinem Fuße!... Ich könnte laut aufschrein!... Weiter nichts wie Elend und Sorge und Aufregung hat man! Das ist das ganze bißchen Leben! Wenn einen der liebe Gott doch endlich mal erlösen wollte!

Albert *(geht mit gesenktem Kopfe verdrießlich auf und ab. Die Hände in den Taschen seines Jacketts).* Nein, das is auch eine Wirtschaft hier! Wenn man doch erst mal... he!... Sitzt man bis spät in die Nacht 'nein und wagt kein Auge zuzutun und am andern Tag is man dann janz kaputt!

Frau Selicke. Ach, geh schlafen und predige uns nich auch noch was vor!... Walter, leg dich nun hin!

Walter *(sieht immer noch aufmerksam zum Fenster hinaus).* Ach nein, Mamachen! Ich warte noch!

Frau Selicke. Na, warte man ...

Albert. Ae was! Ich leg mich hin!

Frau Selicke. Das machste gescheit!

Albert *(mürrisch).* Jute Nacht!

Toni. Gute Nacht!

Albert *(nimmt, während er am Sofatisch vorbeigeht, von diesem eine Streichholzschachtel, klappert damit und verschwindet in der Kammer, nachdem er bereits auf der Schwelle ein Zündhölzchen angestrichen und in das Dunkel hineingeleuchtet hat).*

Frau Selicke. Walter!

Walter. Ach, Mamachen!

Frau Selicke. Ach was! Dummer Junge!... Dir tut er ja nichts!

Walter. O ja!

Frau Selicke. Ach, Dummheit!... Leg dich hin! Geh!...

Walter. Au, unten kommt einer!

Frau Selicke (*zusammenfahrend*). Kommt e'?!

Walter (*weinerlich*). Is 'n andrer!

Frau Selicke. Nein, so ein Mann! So ein Mann!... Das
kann er doch wirklich nich verantworten!... Walter! Geh
nun!

Toni (*hat ihr Nähzeug auf den Tisch gepackt, ist aufgestanden, ans Fenster getreten und nimmt nun Walter an
die Hand*). Komm, Walterchen!

Walter (*hat sie von unten auf umfaßt und sieht zu ihr
empor*). Ach, laß mich doch! Ich hab ja solche Angst!...
Ich wart hier lieber am Fenster!

Toni. Dann geh ich a u c h nicht schlafen! Na?

Walter (*weinerlich*). Ach! – (*Macht sich von ihr nach dem
Fenster zu los.*)

Toni. Komm!

Walter. Gleich! (*Sieht durch das Fenster.*) Jetzt! (*Läßt sich
von ihr nach der Kammer führen. Schluchzt. Während die
Tür aufgeht, sieht man noch das Licht brennen, das Albert
sich angesteckt hat. Toni bückt sich, küßt Walter und drückt
dann die Tür wieder zu. „Gute Nacht!“*)

Walter. Ach, laß doch die Tür 'n bißchen auf!

Toni. Na ja!... So!... (*Eine Weile noch sieht man durch
den Spalt das Licht, dann verlischt es. Toni macht sich still
wieder an ihre Arbeit.*)

Frau Selicke. Nein! So ein komischer Junge! Sich so ab-
zuängstigen!... Über was man sich nich alles ärgern muß?
... Nein!... Ach! Na – ich sage auch schon!...
(*Kleine Pause. Im Bett Husten und Stöhnen.*)

Linchen. Ma-ma-chen!...

Frau Selicke (*beugt sich über die Kissen*). Ach, da biste
ja wieder, meine Kleine?

Linchen. Warum – kommt 'n Papa noch nicht?

Frau Selicke. Sei nur ruhig!... Weine nicht!... Rege
dich nicht auf, mein Herzchen! Er kommt nun bald!...
Ach Gott, ja!

Linchen. Er ist wieder – betrunken! Nich wahr!
(*Toni läßt ihr Nähzeug sinken und sieht vor sich hin.*)

Frau Selicke. Ach nein!... Nein doch, mein Herzchen!
... Er is nur einen Weg gegangen!... Er bringt dir was mit!

Linchen. Ach nein!... Er will dich nachher wieder schlagen!

Frau Selicke. Ach, aber meine Kleine!... Weine doch nur nicht, mein Linchen!... Gott, nein!... Siehste, du darfst dich ja nich aufregen?! Du wirst ja sonst nich gesund?... Nein, mein Mäuschen! Er hat nur ein'n Weg gehabt!

Linchen. Bringt er mir wieder Törtchen mit?

Frau Selicke. Ja.

Linchen. Ach Mamachen! Und 'ne neue Puppe möcht ich auch so gerne haben!

Frau Selicke. Ja, die kriegst du! Und auch wieder Wein!

Linchen. Solchen süßen?

Frau Selicke. Ja.

Linchen. Aber weißt du, Ma–machen... es muß eine Puppe sein, die... richtig sprechen kann...

Frau Selicke. Ja! So eine!

(Toni hört die ganze Zeit über in Gedanken versunken zu.)

Linchen. Auch ein'n... Wagen...?

Frau Selicke. Ja!

Linchen. Au! Denn... fahrn wir die Puppe immer spaziern...! Nich wahr, Tönchen?

Toni. Ja, liebes Kind!

Frau Selicke. Ja, meine Kleine! Dann gehst du wieder mit Tönchen spaziern!

Linchen. Au ja!... Bald – Ma–machen?

Frau Selicke. Ja! Bald! Ganz bald!

Linchen. Morgen?

Frau Selicke. Morgen? Aber, liebes Kind! Du mußt dich doch erst noch 'n bißchen erholen?... Nich wahr?... Aber diese Woche vielleicht!

Linchen. Bestimmt?

Frau Selicke. Ja!... Bestimmt!

Linchen. Ma–machen... Ja? Ich – werde doch... wieder gesund?

Frau Selicke. Ja, gewiß, mein Mäuschen!... Freilich!

(Kleine Pause.)

Linchen. Ma–machen?...

Frau Selicke. Hm?

Linchen *(lächelnd).* Kranksein is hübsch!

Frau Selicke. Ach Gott!... Meine arme, dumme Kleine! ... Warum denn? *(Beugt sich zärtlich zu Linchen hin.)*

Linchen. Weil... weil du dann... immer... so ... gut bist...

Frau Selicke. Oh, aber mein Linchen!... Bin ich denn sonst nicht gut?

Linchen. Liebes Mamachen?

Frau Selicke. Was denn, meine Kleine?

Linchen. Mamachen?

Frau Selicke *(rückt ihr etwas näher)*. Na?

Linchen. Nich wahr... Ma—machen?... Du — zankst nich mehr... mit mir... wenn ich... erst wieder... gesund ...bin...

Frau Selicke. Ach, meine... *(Küßt sie.)*

Linchen. Hast du... mich... lieb, Ma—machen?

Frau Selicke. Ach, meine Kleine!

Linchen. Bringt Papa... ein' Baum mit... und Lichter?

Frau Selicke. Ja, Liebchen! Und morgen kommt der Weihnachtsmann!

Linchen. Ei!... Rück mich doch 'n bißchen in die Höh', Ma—machen!

Frau Selicke. Willst du denn nich wieder einschlafen, meine Kleine?

Linchen *(aufgeregt, hastig)*. Ach, ich... bin... gar nich ...müde... *(Hustet.)* Ich... bin... ganz... wohl... Ma—ma—chen!

Frau Selicke. Ach, der alte, böse Husten!... Na so? *(Hat sie ein wenig hochgerückt.)*

Linchen. Erzähl mir... doch... 'n bißchen was!

Frau Selicke. Ach, liebes Kind!... Ich weiß nichts! *(Seufzt.)*

Linchen. Ma—machen!... Krieg ich auch 'n neues Kleid... wenn ich... wieder... gesund bin?

Frau Selicke. Ja! — Aber sprich doch nich so viel, mein Liebchen! Es strengt dich so an?... Komm! *(Legt den Kopf neben sie auf das Kissen.)* Komm! Schlafe! Schlafe, mein liebes Täubchen!

Linchen. Lieschen Ehlers sagt immer in der Schule zu mir: Ach pfui... du — hast so'n ... schlechtes... Kleid!

Frau Selicke. Ja! Tönchen soll dir ein ganz neues machen! — Komm! — Schlafe, meine Kleine!

Linchen. Au! Wart doch — mal, Ma—machen! Meine Hand...

Frau Selicke. Oh, hab ich dir weh getan, mein Püppchen?

Linchen. Lieschen Ehlers is dumm! Nich wahr ... Ma--mach'n?

Frau Selicke. Ja! Richtig dumm! ...

(Kleine Pause. Frau Selicke hat fortwährend noch ihren Kopf auf dem Kissen.)

Linchen *(schnell, aufgeregt).* Und darf ich – auch wieder – mit Tönchen zur – Tante, aufs Land? ... wenn ich ... wieder gesund ... bin? ... Ja? ... Weißte, dann ... suchen wir immer ... die Eier ... in der Scheune ... Tante ... und ich ... Ma–mach'n! ... Ma–mach'n! Onkel sagt immer ... zu mir: „Giv mi – mol 'n – Kuß, min lütt Deern!" ... *(Lächelnd.)* Mama! 'n Kuß! ... Aber – er hat – so'n Stachelbart! ... Das kratzt immer ... Weißte, ich hab 'n immer – seine – lange Pfeife gestopft ... und dann – mußt' ich – immer essen, aber auch – immer essen! ... Sie – nudeln ein' ordlich! ... Au! Ich – konnte manchmal – gar nich – mehr! ... Die alte – Großmutter – sagt immer ... „Fat tau, Kind! – Fat – drist – tau!" – Na, die – haben's ja! – Nich wahr – Ma–mach'n? – Sie schlachten – jedes Jahr – vier Schweine! ... Vier Schweine! ... Ma–mach'n? Horch mal! *(Lächelnd.)* Einmal – hat mir – Cousin Otto ... den Schweinsschwanz – hinten an'n ... Zopf gebunden ... un – ich hab's erst – gar nich gemerkt! ... Cousin Otto – macht immer – solche Dummheiten! – Nich? – Aber – er is – gut! – Er hat mir immer – Weintrauben – aus dem Garten – gebracht ... Ja! ...

Frau Selicke. Kucke, meine Kleine! Du wirst ja ganz munter? Aber sprich lieber nich so viel, mein Häschen!

Toni *(hat während der Erzählung Linchens freudig überrascht aufgehorcht und ist nun auch an das Bett herangetreten).* Wie unser Linchen erzählt! Siehst du, Mama? Nun wird sie bald, bald gesund sein!

Linchen *(etwas ungeduldig).* Na ja! ... Das – werd ich auch!

Toni. Schön! Schön, mein gutes Herzchen!

(Steht am Bett mit übereinandergelegten Armen und sieht zärtlich auf Linchen herab.)

Frau Selicke *(die Toni zugenickt hat).* Aber, hörst du? Erzähl lieber nicht so viel, mein Linchen!

Linchen *(schnell, aufgeregt).* Nein... wart doch mal...
Ma–machen!... Hör doch mal!... Un Cousine Anna...
Die hat Kleider?!... Kleider hat die!... Na, aber
auch... so viele!... Sonntags... weißt du... wenn wir
in die Kirche... *(Hustet.)*
Frau Selicke *(angstvoll).* Kind! Kind!
Linchen. Ach... das... schadet nichts... Ma–mach'n!...
So'n – bißchen – Husten noch!... Das – hört – morgen
wieder auf – Nich?... Sonntags in der Kirche... ein
blaues, ein – ganz – himmelblaues... mit... weißen Spit-
zen!... Fein, Mamachen!... Na... aber auch alle, alle
– haben – auf uns – gekuckt!... *(Etwas ruhiger; nachdenklich.)* Ach, wie hübsch – ist es da – Mamachen!...
Immer – so still!... Aber – viel Fliegen!... Nich wahr,
Mamachen?... wenn es – recht heiß is... Onkel zankt
nich'n – einziges Mal – mit Tante!... Kein Schimpfwort!
... Und Anna und Otto – sind auch immer – so artig!
Frau Selicke. Liebes Herzchen! Du wirst ja ganz heiser!
Linchen. Weißte... sie wollten – mich dabehalten!... Sie
wollten mich – gar nich – wieder fortlassen!... Tante
sagte: ich sollte nu – ihre Tochter werden!... Papa – soll
sich's... überlegen!... *(nachdenklich.)* Gut hätt' ich's da!
... Nich, Mamachen?... *(Sehr lebhaft, sich steigernd.)*
Aber du – und Papa – sollen mich – dann immer – be-
suchen!... Aber – ich ziehe nich hin, Mamachen!... Nich?
... Ich ziehe nich hin!... Ich bleibe – hier!
Frau Selicke. Uh! Dein Händchen brennt ja wie Feuer,
mein liebes Puttchen!... So!... So!... Nich wahr, mein
Herzchen?
Linchen *(nach einer kleinen Pause).* Ach, Mamachen! Der
schöne, schöne Mondschein!
Frau Selicke. Ja?
Linchen *(versucht zu singen).*
            Wer hat die schönsten Schäfchen,
            Die hat der goldne Mond...
*(Sie bekommt einen Hustenanfall. Toni läßt ängstlich ihr
            Nähzeug sinken.)*
Linchen. Ach!... aah!... aah!...
Frau Selicke. Mein armes Herzchen! Mein armes Herz-
chen!
(Linchen liegt einen Augenblick still, von dem Anfall erschöpft.)

Linchen. Ma–mach'n!

Frau Selicke. Hm? ·

Linchen. Ach! – Ich... möchte ... aufstehn!

Frau Selicke. Aber Kind!

Linchen. Es – is – so – langweilig im Bette! *(Wirft sich unruhig herum.)*

Frau Selicke. Habe nur Geduld, meine Kleine! Morgen oder übermorgen wollen wir mal sehn! Dann kannst du wohl raus!

Linchen. Aber auch ganz gewiß!

Frau Selicke. Ja!

Linchen *(seufzt)*. Ich will auch – nie wieder unartig sein – Mamachen ... wenn ich wieder – gesund bin! ... Ich gehe dann – alle Wege! ...

Frau Selicke. Ja, ja, mein Liebchen! Aber nich wahr? Nun schläfst du auch wieder!

Linchen *(schläfrig, immer leiser)*. Ach ja ... ja ...

Frau Selicke *(nach einer Pause)*. Sie schläft wieder! ... Ach, mein Fuß! Mein Fuß! ... *(Stöhnt auf.)*

Albert *(aus der Kammer)*. Mama! Das geht einem ja durch Mark und Bein!

Frau Selicke. Na wart nur! ... Du sollst mal erst die Schmerzen haben! ... O Gott! Was hat man nur vom Leben! ...

Albert *(aus der Kammer)*. Ach, nu faßt du das wieder so auf! ... So meint' ich's ja gar nich!

(Toni ist zum Fenster getreten.)

Frau Selicke. Hörst du denn immer noch nichts, Toni?

Toni. Nein!

Frau Selicke. Ach Gott, nein! So ein Mann! Nicht ein bißchen Rücksicht! ... Das ist ihm hier alles egal, alles egal! ... So ein alter Mann! ... Er sollte sich doch nu schämen! ... Nein, wahrhaftig! Ich hab auch nich 'n bißchen Liebe mehr zu ihm! Aber auch nich 'n bißchen! ... Für mich is er so gut wie tot! ... Ach ja! Ich kann wohl sagen: mir ist alles so gleichgültig! Wenn das arme Würmchen nich noch wär'! ... Ich kann wohl sagen: ich habe mein Leben recht satt! ... Is gar kein Wunder, wenn man gegen alles abstumpft! ... Wie gut hätten wir's haben können! ... Wie leben andre Leute in unsrem Stande! Wenn man so nimmt! Mohrs! ... Der Mann is 'n einfacher

Handwerker gewesen und hat jetzt sein schönes Haus!
Und die Wirtschaft! Was haben die Leute für 'ne Wirtschaft! ... Na! un bei uns? ... Un der will nun 'n gebildeter Mann sein! ... Nein, wie das bei uns noch werden
soll? ... Und an allem bin ich schuld: ... Ich verzieh die
Kinder! Ich vernachlässige die Wirtschaft! Alles
geht auf mich! ... Und da sollen die Kinder noch Re-
spekt vor einem haben! ... Ach Gott, nun sitzt man wieder hier und zittert und bebt! ... Und wenn man nur nicht
dabei so hinfällig wär'! ...

W a l t e r *(steckt den Kopf durch die Kammertür).* Mutterchen?!

F r a u S e l i c k e *(fährt herum).* Was! ...

W a l t e r. Mutterchen! Kommt er denn immer noch nich?!

F r a u S e l i c k e. Ach, du?! – Ich denke, du bist schon lange
eingeschlafen? ... Biste denn nur nich gescheit, Junge?! ...
Mach mal gleich, daß du wieder ins Bett kommst! Du
willst dich wohl erkälten?! Was?!

W a l t e r. Ach, ich habe ja solche große Angst!

F r a u S e l i c k e. Nein, so was! ... Leg dich mal gleich hin!
(Walter schleicht sich wieder zurück.) Ei, du lieber Gott!
Nein! ... In Schulden steckt man bis über beide Ohren! ...
Nichts kann man anschaffen! ... Kaum, daß man das liebe
bißchen Brot hat! ... Nein, das kann euer Vater wirklich
vor Gott nicht verantworten! ... Un dabei macht er sich
selber ganz kaputt! ... Seine Hände fangen schon ordentlich an zu zittern! Haste noch nich gemerkt?

T o n i *(die währenddem wieder eifrig genäht hat, antwortet
nicht).*

F r a u S e l i c k e. Du armes Tier, du wirst gewiß auch schön
müde sein! ... Ach nein, so ein Leben! So ein Leben! ...
Hm! Womöglich is 'm was passiert?! ... Er hat vielleicht
Streit gehabt! Er ist ja so unvernünftig wie 'n kleines
Kind! ... Ae! Ich sage auch! Das ganze Leben is —
(Gähnt nervös, streichelt über Linchens Händchen.) Mein
armes Würmchen! Das arme, magre Händchen! ... Ach
Gott, ja, du sollst sehn, wir behalten sie nicht!

T o n i. Ach, Mutterchen! *(Toni tritt wieder ans Fenster.)*

F r a u S e l i c k e. Horch mal! ... Poltert's nicht auf der
Treppe?!

T o n i. Ach, wohl nur die Katze!

Frau Selicke. Ach Gott, nein! *(Erhebt sich und geht schwerfällig auf das Fenster zu.)* Wunderhübsch draußen! ... Aber der Himmel bezieht sich wieder, wir bekommen andres Wetter! ... Ich spür's an meinem Fuß! ... Nein, noch nichts zu sehn! Ach ja! *(Geht wieder zurück und setzt sich.)* Ich bin todmüde! Wie zerschlagen!

Toni. Da kommt wer!

Frau Selicke. Ach Gott! *(Fährt in die Höhe.)*

Toni. Er ist es! ... Endlich!

Frau Selicke. Ach! – Ach! – Mein Herz! – Mein Herz! Die Angst drückt's mir ab!

Walter *(aus der Kammer).* Mutterchen! Kommt er?

Frau Selicke. Still! Schlaf!

Toni. Er ist auf der Treppe! – Hinten! *(Sie ist auf Frau Selicke zugetreten.)*

Frau Selicke. Ich renne fort! ... Ach! Wohin?

Toni. Sei ruhig, Mutterchen!

Frau Selicke. Ach, meine Angst! Meine Angst! ... Paß auf! ... Es gibt 'n Unglück! Das arme Kind! ...

Toni *(stützt sie).* Beruhige dich doch, Mutterchen! Er ist ja gar nicht so schlimm, wie er immer tut!

Frau Selicke. Ach, trotzdem! ... Meine Nerven sind ja so schwach! Alles nimmt mich so mit!

Toni. Der Vater ... Nein! 's is wahr ... hach!

Frau Selicke. Mich schwindelt! ... Mir ... is ... zum Umkomm'n! *(Stützt sich gegen Toni.)* Horch! ... Er kommt heut wieder hinten rum! Ach, mein Herz! Mein Herz! ... Fühl mal!

Walter *(aus der Kammer in höchster Angst).* Mutterchen! Mutterchen! Es pumpert gegen die Küchentür!

Frau Selicke. Ach Gott, ach Gott! Is der schwer! ... Ruhig, Walter! Sei still, mein Junge! ... Tu, als ob du schläfst! ... Toni, mach auf!

Toni. Ja! Geh solang vorn raus, Mutterchen! Auf alle Fälle! *(Toni ab in die Küche mit der Lampe. Frau Selicke steht einen Augenblick nach der Küche hin lauschend. Zittert. Preßt beide Hände aufs Herz. Geht dann auf die Flurtür zu. – Es poltert in der Küche. Schwere Schritte. Eine tiefe Baßstimme. Lustiges Lachen. – Frau Selicke verschwindet schnell im Flur. Die Küchentür wird aufgestoßen. Noch*

*hinter der Szene die Stimme Selickes: „Na? . . . T ö n c h e n
. . . T ö ö ö n c h e n . . .")*

S e l i c k e *(tritt in die Stube, welche in diesem Augenblicke
nur von dem Licht der Lampe, das aus der Küche in die
Stube fällt, hell ist. Selicke: ein großer, breitschultriger
Mann mit schwarzgrauem Vollbart. Schwarzer Sonntags-
anzug unter dem offenstehenden Überrock. Er schleift einen
kleinen Christbaum hinter sich; aus den Taschen sieht Papier von Paketen und Düten vor. Unter den Arm hat er
eine große, weiße Düte gequetscht. Er ist angetrunken. Taumelt aber nur sehr wenig und spricht alles deutlich, nur
etwas langsam und schwerfällig. Sagt in sehr guter Laune).*
Na?! . . . Habt ihr wieder kein Licht, ihr Tausendsakra-
menter, ihr? . . . Hm? . . . *(Lacht fortwährend leise vor sich
hin, nickt mit dem Kopf und macht ein pfiffiges Gesicht, als
wenn er eine Überraschung vorhätte. Toni kommt ihm mit
der Lampe nach. Setzt sie auf den Sofatisch.)* Huaach! . . .
Ne! Wird man – müde . . . wenn man so auf dem Weihnachtsmarkt rumläuft? . . . *(Lacht und blinzelt Toni zu, die
am Sofatisch in seiner Nähe steht.)* . . . 'n hübscher Baum –
hbf! – hä? . . . Holt man morgen früh gleich die – hb!
– Hütsche vom Boden! – Da! Nimm ihn h i n! – *(Gibt Toni
den Baum; tut scherzhaft, als ob er sie erschrecken wollte.
Sie lächelt gezwungen und stellt den Baum beiseite. Er
lacht, wendet sich dann zum Tische und fängt an seine
Taschen auszupacken; singt dabei: „N i c h t R o ß, n i c h t
R e i s i g e . . ." sich unterbrechend.)* Wo sind denn . . . die
Jungens?

T o n i. Sie schlafen schon!

S e l i c k e. Wie – hb! – Wie spät is denn – eigentlich?

T o n i. Zwei.

S e l i c k e *(tut sehr erstaunt).* Was – Kuckuck! Zwei?! –
*(Hebt, indem er weiter auspackt, abermals an: „N i c h t
R o ß, n i c h t R e i s i g e" . . . Er nimmt aus einer Düte
zwei Pfannkuchen, geht damit auf die Kammer zu und
ruft mit gedämpfter Stimme.)* He! Walter! – Walter! –
Willste noch 'n Pfannkuchen? *(Bekommt zuerst keine Antwort.)* Na?!

W a l t e r *(in der Kammer, halb ängstlich).* Ja!

S e l i c k e. Da! F a n g! *(Wirft den Pfannkuchen nach Walters
Bett hin und lacht.)* Na, Großer! Du auch? *(Albert ant-*

wortet nicht.) Eh! Frißt 'n je doch! Da! *(Wirft auch ihm
einen Pfannkuchen zu und geht dann vergnügt, leise vor
sich hinpfeifend, zum Tisch zurück.)* Ja, ja! Die Jungens!
(*„Nicht Roß, nicht Reisige..."* – *Toni, die solange am Tisch gestanden, hat abwechselnd ihn beobachtet
und zur Flurtür hingesehn. Er kramt wieder mit den Sachen. Holt das Portemonnaie vor, klappert mit dem Gelde.
Legt ein Goldstück auf den Tisch.)* Hier! ... Da können
wir beide ... morgen früh noch ... einiges einkaufen ...
gehn! Die Jungens könn'n dann 'n Baum putzen ... und
am Abend ... bescher'n wir! ... Na? Was machste denn
für'n Gesicht?

Toni. Ich? ... Oh, gar nicht, Vaterchen!

Selicke *(mißtrauisch).* Ae! Red nich! ... Das heißt:
Kommste wieder ... so spät, he? ... Ja, – ja, mein Töchterchen! ... Dein Vater darf sich wohl nich mal'n Töppchen
gönn'n? ... Was?! ... Ae, geh weg! Du altes, dummes
Fraunzimmer! ... Ja! Ich möcht mal sehn ... wenn euer
Vater ... nich wär! ... Weißte, mein' Tochter? ... Mir
geht viel im Koppe rum! ... Ich sorge mich – euretwegen!
... Ja, ja! Wenn ich dich so sehe! ... Wie sind andre
Mädchen in deinem Alter! ... *(Die Flurtür öffnet sich ein
wenig. Frau Selicke lauscht durch den Türspalt.)* Du liegst
dein'm Vater immer noch – auf'm Halse! ... Ja, ja! ...
Ae! Du! ... Geh weg! ... Ich mag dich nich mehr – sehn!
... *(Für sich, indem er seitwärts tritt und an seinem Rocke
herumzerrt, um ihn auszuziehen.)* Ae! Is das – 'ne Hitze?
... *(Toni versucht ihm beim Ausziehen des Rockes behilflich zu sein. Selicke brummt mißgelaunt vor sich hin.)*
Mach, daß du wegkömmst! ... Ich – brauch dich nicht!
*(Toni hilft ihm dennoch. Er streift etwas die Wand. Endlich
hat sie mit zitternden Händen ihm den Überrock und dann
auch den Rock abgestreift und beides an die Knagge neben
der Korridortür gehängt. Selicke steht nun in Hemdärmeln
da. Streicht sich über die Arme und schlägt sich dann, vor
sich hin kichernd, mit der Faust auf seine breite, gewölbte
Brust.)* Ae! ... Ja? Siehste? ... Dein Vater is noch 'n Kerl!
... *(Lacht.)* Was meinste, mein' Tochter! ... Z–zerdrück'n
könnt' ich dich mit meinen Händen! ... Z–zerdrücken! ...
Das wär' am Ende auch – das beste! ... *(Mit dumpfer
Stimme, sieht vor sich hin.)* Ich häng euch – alle auf! Alle!

... Un dann – schieß ich mich – tot! ... *(Toni wankt ein wenig zurück nach der Flurtür zu. – Selicke geht auf die Kammertür zu. Man hört Walter in der Kammer weinen.)* Na, was – haste denn, dummer Junge?! *(Mit schwerfälligen Schritten, ein wenig wankend, in die Kammer. Toni öffnet die Flurtür halb. Frau Selicke steckt den Kopf ins Zimmer.)*

Frau Selicke. So'n Kerl! So'n Kerl!

Toni. Stille, Mutterchen! Stille! ... Um Gottes willen!

Frau Selicke. Das Kind, das arme Kind!

Selicke *(in der Kammer)*. Komm mein Sohn! ... Dein Vater hat dich lieb! ... Er hat auch gesorgt, daß du was zu Weihnachten kriegst! ... Ja, wer sollte für dich sorgen, wenn dein Vater – nich wär'! ... Na, weine doch nicht! ... Was – weinste denn? ... Was?! Ae! Sei nich so dumm! ... Dummer Junge!

Frau Selicke *(in derselben Stellung, etwas mehr im Zimmer, mit Toni nach der Kammer hinhorchend)*. Ach Gott, nun weckt er wieder die armen Kinder, der Kerl!

Toni *(ängstlich)*. Geh wieder zurück, Mutterchen! Um Gottes willen!

Selicke *(in der Kammer)*. Ja, ich habe euch – hbf! – doch lieb! ... Alle! ... Ja, ja? ... Na? Wo ist denn deine Mutter? – Hä?

Frau Selicke *(tritt etwas zurück)*. Ach Gott, ach Gott!

Toni. Geh wieder zurück, Mutterchen!

Selicke *(in der Kammer, lustig)*. He! Alte! ... Wieder fortgehumpelt? ... Na, humple, humple nur hin! ... *(Sucht ihre Stimme nachzumachen.)* ... „Ach, die – arme Frau!" ... „Ae! Die hat's mal schlecht!"

Toni *(drängt Frau Selicke zurück)*. Geh zur Türe, Mutterchen, daß du solange raus kannst, bis er schläft!

Frau Selicke. Aber das Kind! Das Kind! ... Ich kann doch nich ...

Toni. Laß nur! Ich will schon sehn! ... *(Drängt Frau Selicke sanft noch mehr zurück.)* Armes Mutterchen!

Selicke *(in der Kammer)*. Die Alte ist schuld, daß dein Vater so spät nach Hause kommt, mein Sohn! ... Oh, das ist ein Unglück! Ein rechtes Unglück! ... Und der alte große Schlingel da? ... Hui! hbf! ... Das – Schnarche nur! Aus dir wird nichts, mein Sohn! Gar nichts! ... Huste nich! ... Dummer Junge!! ... Was?!! ... Du willst ...

Frau Selicke *(schreit unterdrückt auf).*
Selicke *(kommt aus der Kammer. Frau Selicke zurück, schließt die Tür).* Aeh! Da biste ja, mein süßes Weibchen! *(Geht auf die Flurtür zu. Unterwegs macht er aber halt.)* Hm? Mein P – Putt... hbf!... P – Puttchen?... Das arme Kind! ... Das arme Kind! *(Er holt sich die Düte vom Tisch und geht mit ihr auf das Bett zu. Walter lugt verstohlen um den Türpfosten. Man hört, daß jetzt auch Albert wach geworden ist. Selicke bückt sich ein wenig über das Bett. Leise.)* M – Mäuschen! ... Sch–läfste, mein armes Herzchen? ... Sst! ... Sie schläft, die – kleine Tochter!
Toni *(kommt ängstlich auf das Bett zu).* Vater!
Selicke. Ich habe dir – was mitgebracht? ... K – Kuchen, Kind? – K–Kuchen?
Toni. Vater? Sie wird ja wach!
Selicke *(richtet sich auf).* W... Was willst du? Hä?
Toni. Sie ist ja so krank!
Selicke *(ihr nachäffend).* „Sie ist so krank!" ... Ae! Hab dich doch, alte Suse! – „Sie ist so krank!" ... „Piep, piep, piep!" ... Ach, Herr Jemine! ... Das arme Mädchen! Wie die sich vor ihrem Vater ängstigen muß! – Mach, daß du wegkommst! ... Mag dich nich sehn! *(Die letzten Worte zornig, bedrohend. Die Flurtür ist ein wenig aufgegangen. Frau Selicke schreit auf.)* Aah! ... Sieh mal! ... Da steckste, mein süßes Lamm? *(Lacht, taumelt an Toni vorbei auf die Flurtür zu. Draußen wird hastig die äußere Flurtür aufgerissen. Es poltert die Treppe hinunter. – Selicke öffnet die Tür.)* Na, so 'ne Komödie! ... Kuckt, wie die Alte rennen kann *(zeigt in das Entree)* mit ihrem schlimmen Fuße! ... Nee! ... Hähähä! ... Wie se humpeln kann! ... Hopp, hopp, hopp! ... Wie der Wind! ... Haste nich gesehn! ... Wie'n Schnellöfer! ... *(Lacht, schüttelt dann aber plötzlich die Faust nach dem Flur, ruft unterdrückt.)* Du altes Tier! Du willst 'ne Mutter sein?! ... Ach, du! – Du! – Du! ... Unglücklich hast du mich gemacht! Unglücklich! ...*(Kommt zurück; während er an Toni vorbeikommt.)* Na, du? ... „Sie ist so krank!" ... Ae! Weg! ... Laß mich vorbei! *(Tappt wieder zum Bett und will sich drüber bücken.)*
Toni *(ihm nach).* Vater! Laß jetzt das Kind! – *(Sie stößt ihm mit der Hand gegen die Schulter.)*

S e l i c k e *(richtet sich in die Höhe).* Waaas?!... Waaas?!
Du – willst – dich – an deinem V a t e r – vergreifen?!
Waaas?!!... I, nu seht doch mal! *(Kommt auf sie zu. Toni
ist zurückgetreten und lehnt an der Wand. Regungslos. Die
Hände zusammengekrampft. Sie sieht ihm starr ins Gesicht.
Ihre Lippen zucken. Die Tränen laufen ihr über die Backen.)*

T o n i. Pfui! Schäm dich!... Du bist betrunken.

S e l i c k e. I! Seht doch!... Das liebe Töchterchen!... Oh,
du bist ja ein – reizendes Wesen! *(Kommt noch näher auf
sie zu.)*

W a l t e r *(in der Kammer, ängstlich).* Vaterchen! Liebes Vaterchen!

S e l i c k e *(sieht sich um. Bleibt wie verwirrt stehn).* Na! Da
heult einer und da... B–bin ich denn – der reine – Tyrann?!
(Geht von Toni weg.) Hm!... Brr!... So 'n Sausoff!...
*(Geht zum Sofatisch, setzt sich davor nieder und legt den
Kopf auf die Arme. Eine Weile ist es still. Toni beobachtet
ihn und will Frau Selicke holen. Selicke scheint einzuschla-
fen... Nach einer Weile richtet er aber den Kopf in die
Höhe.)* So 'n Weib!... So 'n Weib! *(Toni bleibt stehn.)* So
geht man nun unter!... *(Sie legt die Hände vors Gesicht.
Bebt vor Schluchzen.)* „Ach, mein Fuß!" – „Ach, mein
Fuß!" – Weiter weißte nischt!... Immer ich – ich – ich!
Ich brauchte dich nicht zu heiraten! – 's war mein guter
Wille! – Zu d u m m war ich! Zu d u m m! – Du alte...
Ae! Du! – „Wir sind so arm!" – „Wir haben kaum's liebe
Brot!" – „Nichts in die Wirtschaft!" – Wer ist denn schuld?!
– Wie kannst du mir das sagen! – Verdien dir was, dann
haste was!... Ja! Fortrennen! das kannste! – Den Leuten
was vormachen! Ja! Du armseliges Weib!... Ae! – Du
bist ja – zu d u m m! – Zu d u m m! So ein – Unglück! –
Oh!... *(Ist eine Weile still. Toni will schon zur Flurtür.
Fängt wieder an.)* „Wir müssen uns vor jedem schäm'n!" –
Hä! Du! – Ich hatte mir das anders vorgestellt! – Ja, ja! –
Eine Ehe ist mehr! – Ae, du! – Was weißt du, was eine
Ehe ist! – Du! – Wie sind – andre Frauen! – Sieh se dir
mal an! – Aus... n i c h t s muß 'ne Hausfrau was machen
können! – Aber alles: i c h! – Alles der Mann! – Ae! Sieh
zu, wie du uns durchschleppst! – Und die – Kinder! – Die
armen, armen Kinder! – O Gott, was soll aus den'n werden! – Verzogen sind sie, die lieben Söhnchen! – Und du,

Toni! – Du! – Du wirst akurat wie deine Mutter! Ja, ja?
... Ich habe dich lieb gehabt, aber du hast m i c h nicht
lieb gehabt! – Du bist niedrig! Niedrig! – Wir paßten nicht
zusammen! – Was will man nun machen?! – Ae! – Schleppt
man das so mit sich! – Ae! Immer hin! – Immer hin! –
Hui! – Die armen Kinder! – Die armen Kinder! – Und
du, mein liebes Mäuschen! – *(Seine Worte gehen in Weinen
über.)* Mein armes, liebes Mäuschen!

T o n i *(in höchstem Schmerz).* O Gott, o Gott! *(Preßt die
Hände vors Gesicht.)*

S e l i c k e *(zur Kammer hin).* Ja, ja? – Du! Großer! – Nimm
dir 'n Beispiel an deinem Vater! – So was ist ein Unglück! –
Ein großes, großes Unglück! – Dein Vater war dumm, gut
und dumm, mein Sohn! Aber nicht schlecht! – Er hat euch
– alle lieb! – Alle! – Auch eure Mutter! – Sie kann's nur
nicht verstehn! – Und das – ist unser Unglück! ... *(Seine
Worte gehen in ein dumpfes, undeutliches Murmeln über.
Er schläft ein.)*

*(Vom Bett her das Rauschen von Kissen. Toni, die eben zur
Flurtür wollte, schrickt zusammen.)*

L i n c h e n *(ängstlich).* Ma–mach'n ... Ma–mach'n! ... Aah!
... Aaah! ...

T o n i *(schnell zum Bett).* Mein liebes Herzchen! – Mama
kommt gleich wieder!

L i n c h e n. War – Papa – hier?

T o n i. Ja! Er schläft schon!

L i n c h e n. Hat er mir – was mitgebracht?

T o n i. Ja, Liebchen. *(Beugt sich zärtlich zu ihr.)* Huh! Du
fieberst ja, mein Herzchen! Das ganze Kissen ist heiß!

L i n c h e n *(unruhig).* Ach – nein! – Ich bin – wieder – ganz
munter. Tönchen! – Ich kann – morgen – aufstehn! – 's is
immer – so schönes Wetter! – Und ich – muß immer – im
Bett liegen ...

T o n i *(kann nicht antworten. Horcht. Selicke schnarcht).*

L i n c h e n. Ach, 's is man gut – daß – Papa da is! – Ich hatte
schon – solche Angst! – *(Lächelnd.)* Horch mal – wie er
schnarcht! – Wie 'ne Säge, was? Du – weinst ja, Tönchen?? ...

T o n i. Ich?! Ach nein!

L i n c h e n. Du! – Du! – Er is wohl wieder – betrunken??

T o n i. O nein! Ich dachte gar, mein Liebchen!

L i n c h e n. Will er auch – Mama – nicht schlagen?

Toni. Nein! I bewahre, mein Herzchen!

Linchen. Ach nein! – Das – tut er auch nicht! – Er macht immer – bloß so! – Nicht wahr?

Toni. Freilich! Aber, schlafe wieder ein, mein Linchen!

Linchen *(unruhig)*. Ach nein! – Ich kann gar nicht schlafen! – Ich bin ganz – munter, du! – Du! – Ist bald Morgen? – Kann ich bald – aufstehn, Tönchen?

Toni. Nein, Herzchen! Noch nicht!

Linchen. Ach! – Du! – Du!

Toni *(besorgt)*. Was – was ist dir denn, mein Herzchen?! *(Bücket sich zu ihr und fährt dann unwillkürlich wieder in die Höhe.)*

Linchen. Ach! – Nichts! ... Du! ...

Toni *(sie gespannt, ängstlich beobachtend)*. Ja?

Linchen *(sehr unruhig)*. Wo – is denn – Mamachen?

Toni *(mit bebender Stimme)*. Warte! Ich rufe sie!

Linchen *(hastig)*. Ja! – Ja! ... *(Toni will gehn.)* Du! – Tönchen! – Die L–Lampe – brennt ja – so trübe ...

Toni *(wendet sich erschrocken um)*. Aber – n ... nein – liebes Mäuschen?! ... Sie – ist ja – ganz hell ...? ... *(Steht da, wie erstarrt.)*

Linchen *(wie vorhin)*. Schraub – doch – hoch! ... Es wird ja – ganz – dunkel ...

Toni *(mit unterdrücktem Entsetzen)*. Kind! ... *(Wird leichenblaß, schraubt mit zitternden Fingern an der Lampe. Wendet sich dann mit wankenden Knien zur Flurtür und öffnet sie. Vorsichtige Schritte.)*

Frau Selicke *(zur Tür herein)*. Ist er denn ...

Linchen *(ängstlich, bang, angestrengt)*. Ma–ma–chen ...

Frau Selicke *(aufhorchend)*. Ja? – Mein – Kind?! ...

Toni *(bebend)*. Mutter! – Komm! – Schnell! – Er schläft! – Komm! – Linchen ... ich weiß nicht ...

Frau Selicke *(unterdrückt)*. Was ... Was?! ... *(Schnell zum Bette hin.)*

Linchen. Ma–ma–chen ... Ma–ma–chen ...

Frau Selicke. Kind??? *(Beugt sich forschend über das Bett. Starrt Linchen an.)*

Linchen. Das – Licht – geht – aus ... Das – Licht – geht – ja ... Ma–ma–chen ... Ach! Lie–bes – Ma–ma–chen ...

Frau Selicke *(hastig, erregt vor sich hinflüsternd, wäh–*

rend ihre Blicke wie gebannt auf Linchen haften). Toni!
Toni! . . .

Toni *(neben ihr. Unterdrückt).* O Gott . . .

Frau Selicke. Mein Liebchen! Mein süßes, süßes Liebchen! *(Pause. Totenstille. Nur das leise Schnauben Selickes.)*

Linchen. Ach – liebes – Ma . . . .

Frau Selicke. Sie . . . Sie . . . stirbt! Ach Gott . . . Mein
Herzchen! – Mein Herzchen!! *(Schreit auf. Stürzt sich über
das Bett.)*

Toni *(schnell zum Tisch. Mit jagender Stimme).* Vater! –
Vater!!

Albert *(aus der Kammer).* Was ist denn??!

Walter *(weinend aus der Kammer).* Vaterchen! . . . Vaterchen! . . .

Frau Selicke *(leise wimmernd).* Sie ist tot! . . . Sie ist
tot! . . .

Albert *(mit Walter schnell zum Bett).*

Walter. Mutterchen! – Mutterchen! . . . } *(gleichzeitig)*
Albert. Um Gottes willen!

Toni *(weinend).* Vater!! – Vater! *(Rüttelt Selicke.)*

Selicke *(aufwachend).* Ae! – Na! – Laß . . . Na . . . *(Hebt
verdrießlich den Kopf. Will wieder zurücksinken.)*

Toni. Vater!! *(Ihn, außer sich, an den Schultern packend.)*

Selicke. Na – ja doch! – . . . Was – gibt's denn . . . *(Starrt
um sich und reibt sich die Stirn.)*

Toni *(weint heraus).* Linchen – ist tot . . .

Selicke *(starrt sie an. Erhebt sich).* Was – Was ist mit
– Linchen?!

Toni. Ach, sie ist – tot . . . *(Schluchzt. Selicke wischt sich über
die Stirn.)*

Selicke. L–Linchen?!! *(Zuckt zusammen und geht auf das
Bett zu. Toni wankt ihm schluchzend nach. – Selicke steht
eine Weile stumm vor dem Bett, dann bricht er schwer, mit
einem dumpfen Stöhnen, auf dem Stuhl zusammen. Die
andern beobachten ihn stumm.)*

Toni *(sich plötzlich auf ihn zustürzend und ihm die Arme
um den Hals schlingend).* Lieber Vater! – Mein lieber
Vater . . .

*(Währenddem geht Wendts Tür auf und dieser tritt ins Zim-
mer.)*

DRITTER AUFZUG

Dasselbe Zimmer. Durch die zugezogenen Fenstervorhänge bricht bereits der Morgen. Auf dem Tische, auf welchem Selickes Einkäufe liegen, brennt noch trübe die Lampe. Der Weihnachtsbaum lehnt noch beim Sofa gegen die Wand. – Draußen auf dem Treppenflur hört man Kinder lärmen und spielen. Eine helle, unbeholfene Stimme singt ein Weihnachtslied. Der Gesang wird oft durch Schreien, Jauchzen, Lachen und den Ton einer Trompete und dann durch den Sänger selbst unterbrochen. Zuweilen ist er so deutlich, daß man die Textworte hören kann: „Des freuet sich der Engel Schar . . ." Selicke sitzt vor dem Bett in stummer, dumpfer Trauer. – Toni steht etwas seitwärts von ihm neben Frau Selicke und hat den Arm um sie geschlungen. Beide beobachten ihn mitleidig. – Walter hockt auf dem Sofa, weint still vor sich hin, sieht dann wieder zum Bett und zu Selicke hin, gähnt ab und zu aus Übermüdung und zittert vor Frost. – Albert steht neben dem Weihnachtsbaum, zupft in Gedanken an den Nadeln herum und schielt dabei ab und zu zum Bett hinüber.

Frau Selicke *(mit müder Stimme, halb weinend).* Die Lampe fängt an zu riechen, Toni! . . . Lösch aus! . . . 's ist hell draußen! . . . Der Lärm auf dem Flur! . . . Die kennen keine Sorgen . . .

Toni *(löscht die Lampe aus und zieht dann den Fenstervorhang zurück. Das Morgenlicht fällt grau durch die verschneiten Scheiben ins Zimmer. – Toni will auf die Flurtür zugehen und den Kindern verbieten, die draußen immer noch lärmen; aber in diesem Augenblicke poltern sie lachend, schreiend und blasend die Treppe hinunter. Der Lärm entfernt sich unten im Hause und hört dann allmählich ganz auf).*

Frau Selicke. Die sind fidel! . . . *(Sie tritt zu Selicke hin und legt ihm sanft die Hand auf die Schulter; mit mitleidiger, bebender Stimme.)* Vater! . . . *(Selicke, der, das Gesicht in den Händen, die Ellenbogen auf die Knie gestützt, vor*

sich hinbrütet, achtet nicht auf sie.) Vater! ... Komm! ...
Vater! ... *(Ihre Worte gehen in Weinen über.)*

Selicke *(rührt sich; dumpf, mit zärtlichem Ausdruck).* Du!
... Mein Linchen! ... *(Schluchzt unterdrückt.)*

Frau Selicke *(lehnt ihren Kopf gegen seine Schulter und
weint).* Vater, komm! ... Komm hier fort! ...

Selicke. Du! ... Mein Linchen! ... Warum d u? *(Starrt
vor sich hin.)*

Frau Selicke *(immer noch in derselben Stellung).* Komm
Vater! ... Wir wollen uns von jetzt ab – rechte Mühe geben ... Wir wollen vernünftig sein ... Es soll nun anders
werden bei uns ... Nich wahr, Vater?

Selicke *(richtet das Gesicht in die Höhe und sieht sie mit
einem toten, ausdruckslosen Blick an. Frau Selicke starrt
ihn eine kleine Weile angstvoll an und richtet sich dann,
den Schürzenzipfel vor den Augen, wieder auf. Selicke,
der sich schwerfällig erhoben hat, bückt sich über das Bett
und küßt die Leiche. Weich, zärtlich).* Leb wohl! ... Leb
wohl, mein gutes Linchen! ... D u hast's gut! ... D u hast's
gut! ... (Betrachtet die Leiche noch einen Augenblick, richtet sich dann in die Höhe und wankt gebrochen in die
Kammer, während Walter auf dem Sofa noch lauter zu
weinen anfängt und Albert sich, mit dem Gesicht gegen
das Fenster gewandt, laut schneuzt.)*

(Kleine Pause.)

Frau Selicke *(wieder in Tränen ausbrechend).* Warum hat
uns – der liebe Gott das – Kind genommen?! ... und ich
... und ich – muß mich – weiterschleppen ... mit meinem
Elend und meinem Leiden ... Ich muß mir selber zur Last
sein ... und ... euch allen! ... Siehste? ... Als ich 'm das
eben sagte: er hat mich – kaum angesehn! ... *(Schluchzt
krampfhaft in ihr Taschentuch, in das sie sich, während sie
sprach, geschneuzt hat. Laut, sehnsüchtig.)* Ach, hol mich
bald nach, mein Linchen! Hol mich bald nach! ...

Toni *(sie sanft umfassend).* Mutterchen! ... Sprich doch
nicht so! ... Was sollten wir denn dann machen, wenn ...
Ach! ...

Frau Selicke. Unser einzges ... unser einzges ...

Toni *(beißt die Lippen zusammen. Ihr Oberkörper zuckt
von unterdrücktem Schluchzen).*

Frau Selicke. Was hat sie nun gehabt von ihrem armen,

bißchen Leben? . . . Und doch . . . war sie immer . . . so
fröhlich und munter . . . unsre einzge, einzge Freude . . .
(Schluchzt.) Ach, was hatte man weiter von der Welt . . . ? . . .
Toni *(drückt Frau Selicke an sich).* Mutterchen!
Frau Selicke. Was soll nu hier werden? . . . Nun kann
man sich nur gleich aufhängen oder . . . ins Wasser gehn . . .
Toni. Mutterchen! . . . Ach Gott! . . .
Albert *(tritt zu Frau Selicke hin und streichelt sie).* Laß
man, Mutterchen! . . . Es soll schon noch werden! . . .
Frau Selicke. Ja! Für euch! . . . Für euch wohl . . . Für
mich is es 's beste, Linchen holt mich nach . . . So bald als
möglich!
Albert. Nein, Mutterchen! . . . Es soll dir noch recht gut
gehn! Warte man!
Frau Selicke *(weinend).* Ach, ja, ja . . .
Toni *(ist wieder zu Walter gegangen und nimmt ihn bei der
Hand).* Walter, komm!
Walter *(müde).* Mich friert so!
Toni. Ja! Komm, mein Junge! . . . Geh in die Kammer und
leg dich hin! . . . Du hast die ganze Nacht nicht geschlafen!
Walter *(steht auf; tritt mit Albert zum Bett. Beide be-
trachten neugierig-ernst die Leiche. Walter weint).*
Toni. Geh in die Kammer, mein lieber Junge, und schlaf!
Walter *(schmiegt sich an Frau Selicke).* Mutterchen! . . .
Mutterchen! . . .
Frau Selicke. Ja, ja? . . . Na ja, mein armer Junge! . . .
Geh, leg dich schlafen! . . . Du bist todmüde! . . .
          (Walter und Albert gehn in die Kammer.)
Toni *(tritt wieder zu Frau Selicke hin).* Du solltest dich
auch 'n bißchen ruhn, Mutterchen!
Frau Selicke *(nervös; bitterlich weinend).* Siehste? . . .
Siehste, Toni? . . . Kein Wort, kein Sterbenswörtchen hat
er wieder für mich gehabt! . . . Er sah mich grade an,
wie: na, was willst 'n du? . . . Wer bist 'n du? . . .
Als ob ich 'n gar nichts anginge! . . . Ach Gott! Was ist
das für ein elendes, elendes Leben gewesen die dreißig
Jahre! . . . Ach, wollt' ich froh sein, wollt' ich froh
sein, wenn ich an deiner Stelle wäre, mein Linchen! . . .
(Betrachtet die Leiche.) . . . Sieh mal, Toni! . . . Wie hübsch
sie aussieht! . . . Wie schön! . . . Sie lächelt ein'n ordentlich
an! . . . Wie schön weiß . . . und wie ihre Haare glänzen!

... Ach, die lieben, blonden Härchen!... *(Diese Worte gehen wieder in Weinen über.)* Die lieben, blonden Härchen!...

Toni *(die neben ihr steht und den Arm um sie gelegt hat).* Ach nein, Mutterchen! Der Vater wird ganz anders werden! – Er ist ganz verändert!...

Frau Selicke. Nein! Nein! Der wird nie anders! In dem Blick..., wie er mich so ansah..., da konnte ich so recht deutlich lesen: wenn du 's doch wärst!... Ach, und ich wollt 'm ja so gerne Platz machen! Weiß Gott im hohen Himmel!... Ach – so – gerne!

Toni *(traurig).* Nein! Das hat er sicher nicht gedacht!

Frau Selicke. So gerne wollt' ich 'm den Gefallen tun! ... So recht aus Herzensgrunde wünscht' ich das! ... Aber 's is, als ob der liebe Gott grade mich ausersehn hätte... *(Hat wieder zu weinen angefangen.)*

Toni. Nein, Mutterchen! Du mußt nicht so was denken!... Siehste, wir müssen uns jetzt alle recht zusammenschließen! ... Sei nur recht gut und geduldig mit ihm... Du sollst sehn, dann wird es besser... dann – wird alles gut werden!

Frau Selicke. Ach, ich bin ja schon immer zu allererst wieder gut!... Ich bin ja immer jedesmal zuerst wieder zu ihm gekommen und freundlich mit 'm gewesen!... Ach Gott, schon um 'n lieben Frieden willen!... Ich sehne mich ja nach weiter nichts mehr als nach 'n bißchen Ruh' und Frieden... nur ein bißchen Ruh' und Frieden...

(Es klopft an Wendts Tür.)

Frau Selicke *(halb für sich, sich erinnernd).* Ach Gott, Herr Wendt! *(Laut.)* Herein?

(Wendt tritt ein. Er ist bleich und sieht überwacht aus. Seine Backen scheinen etwas eingefallen.)

Frau Selicke *(weinend).* Herr Wendt!... Ach, an Sie hab ich auch noch nich denken können!... Sie müssen ja gleich abreisen... Mein armer Kopf is mir ganz verwirrt...

Wendt. Oh... *(Macht eine abwehrende Handbewegung und tritt auf sie zu.)* Meine liebe, gute Frau Selicke... *(Drückt ihre Hand.)*

Frau Selicke *(mit der Schürze an den Augen, ist mit ihm ans Bett getreten. Kann kaum sprechen vor Weinen).* Sehn Sie... da...

W e n d t *(steht mit ihr in stummer Trauer vorm Bett).*

T o n i. Mutterchen! Komm!

F r a u   S e l i c k e *(sich die Augen trocknend, sich zusammen-*
nehmend). Ja, ich will... Um elf geht Ihr Zug, Herr
Wendt?

W e n d t. Ach! *(Handbewegung. Frau Selicke will auf die*
Küchentür zu.)

T o n i *(man merkt ihr große Ermattung an).* Laß nur, Mutterchen!... Ich will das schon alles besorgen! Du mußt
unbedingt ein bißchen ruhn! Komm, Mutterchen! Komm!...
(Frau Selicke läßt sich willenlos von ihr langsam zur Kam-
mer führen. Toni drückt leise die Tür hinter ihr zu. Sie bleibt
einen Augenblick mit allen Anzeichen großer Müdigkeit bei
der Tür stehen, nimmt sich dann zusammen und macht ein
paar Schritte auf die Küchentür zu. – Die Uhr schlägt neun.)

W e n d t *(beim Bett, leise).* Und heute – wollt' ich – mit dei-
nen Eltern reden...

T o n i *(äußerst abgespannt).* Was?... Neun schon?... Ach
ja, ich muß ja noch... Sie müssen ja – um elf – fort...
(Sie geht mit müden Schritten, wie mechanisch, auf die
Küchentür zu.)

W e n d t *(wiederholend).* Fort...

T o n i *(stehenbleibend, ihn mit ausdruckslosem Blick an-*
sehend). Was?...

W e n d t *(mehr ängstlich als überrascht).* Und – Toni! Du
sagst „Sie"?!

T o n i. Wie? Ach so... hab ich... Ach ja! *(Mit einem müden*
Lächeln.) Das ist nun auch – vorbei...

W e n d t *(wie vorhin).* Vor... vorbei?!

T o n i *(wie im Selbstgespräch).* Das ist jetzt – alles – anders
gekommen...

W e n d t *(seitwärts sehend).* Toni!

T o n i. Ach!... Ich bin ganz... mir ist... Ah... *(Sie sinkt*
in einem Anfall von physischer Schwäche gegen seine
Schulter.)

W e n d t *(besorgt).* Toni!... Was ist dir?! *(Beobachtet sie*
ängstlich. Ihre Augen sind geschlossen, um ihren Mund
liegt ein gequältes Lächeln.)

W e n d t *(besorgt).* Herrgott!... Liebe Toni!
                    (Sie schlägt die Augen wieder auf.)

W e n d t. Ist dir besser?

Toni. Ja ... Es war mir nur ... so ... ein Augenblickchen
... (*Sie macht sich sanft von ihm frei.*)

Wendt (*erfaßt ihre Hand*). Halt aus, meine gute, liebe
Toni! ... Halt aus! ... Nur noch eine Weile! ... Nur noch
eine kleine Weile! ... Du armes Mädchen! ... Alles ist so
– über uns hereingebrochen! (*Seufzt.*) Nur noch eine kleine
Weile! ... Es wird alles gut! ... Es muß ja alles wieder
gut werden! ...

Toni (*hysterisches Weinen*).

Wendt. Toni!!

Toni. Ach, mir ist ... (*Faßt sich.*) Ja! ... Wir dürfen jetzt
nicht mehr – daran denken! ... Ich habe das nicht nur so –
hingesagt! ... Das ist nun – vorbei!

Wendt. Ach, du weißt ja nicht, was du ... Wir wissen ja
nicht – jetzt ...

Toni (*müde, gequält*). Ach, wenn ich doch tot wär! ...

Wendt (*nach einer Pause*). Das – ist dein ...

Toni (*bleibt stumm*).

Wendt. Du – sagst das mit – voller Überlegung?

Toni (*leise*). Ja!

(*Pause. Wendt stumm an dem Tisch, auf welchen er sich schwer
gestützt hat; Toni neben ihm, ihn ängstlich beobachtend.*)

Toni. Du mußt doch selbst sehn, daß es – jetzt nicht mehr
geht.

Wendt. Mit voller Überlegung? ... Nein! – Ach was! –
Das kannst du ja gar nicht! ... Siehst du! Das kannst du
ja gar nicht! ... Es ist ja unmöglich, daß wir die Verhältnisse jetzt klar übersehen können! ...

Toni. Ach nein! ... Ich weiß ganz genau, wie jetzt alles
kommen wird! ... Wir können und werden uns nie
heiraten! ...

Wendt. Nie? ...

Toni (*traurig mit dem Kopfe schüttelnd*). Nein! ... Nie! ...

Wendt. Nie! ... (*Er hat sich auf den Stuhl vor dem Tisch
sinken lassen, der noch von gestern abend dasteht. Stumm,
finster, den Kopf in beiden Händen, vor sich hinstarrend.*)

Toni (*beunruhigt, mitleidig*). Siehst du! ... Du mußt doch
sehn, daß ich jetzt – hier – nicht fortkann! ... Ach, du
weißt ja! ... Diese schreckliche, schreckliche Nacht! ... Ich
kann, ich kann doch nicht anders! ... (*Nachdenklich.*)
Wenn es jetzt auch so aussieht, als ob sie anders wären!

Ach! Das scheint ja nur so!... *(Traurig.)* Das dauert ja
doch nicht lange! Bei der nächsten Gelegenheit – ist es wieder – wie vorher, und – und noch viel – noch viel – schlimmer...

Wendt *(dumpf vor sich hin).* Noch – s c h l i m m e r !...

Toni *(ernst und traurig).* Ja!... Noch s c h l i m m e r !...
(Pause.) Ja, wenn Linchen noch ... *(Ihre Stimme zittert.)*
Wenn sie dem Vater so auf den Knien saß beim Essen ...
so neben ihm ... wenn sie sich an ihn schmiegte ... und
ihm – was vorschwatzte ... oder: wenn sie sich zankten ...
wenn sie dann – weinte ... und bat ... mit ihrem rührenden Stimmchen ... Ach! Sie hat sie immer wieder heiter
gemacht und – getröstet ... Ja! Aber jetzt ... *(Ist in Weinen ausgebrochen.)* Ach, du weißt das ja alles gar nich!...
(Pause.) Was soll werden? ... Sag doch selber!... Zu uns
nehmen – könnten wir sie ja doch nicht!... Du weißt ja,
wie er ist!... Und – die Mutter allein? ... Das läßt er
nicht!... Er hat sie ja viel, viel zu lieb!... Er kann sich
nicht von ihr trennen!... Und unterstützen? ... *(Sie lächelt
müde.)* Das siehst du ja selber: das kann ja gar nichts nützen! ... Darauf kommt es ja gar nicht an!... Ach Gott!
Ich darf gar nicht daran denken!... Die arme, arme Mutter!... Und dann – die andern!... Der arme Walter!...
Nein! *(Leise.)* Es ist ganz unmöglich, ganz unmöglich, daß
i c h fortkann!... Und – das kann noch lange, lange Jahre
so fortdauern!...

Wendt *(nach einer Weile, halb zu sich selbst, seitwärts,
zwischen den Zähnen).* Und – da mußt du dich also –
opfern!...

Toni *(nachdenklich).* Die armen, armen Menschen!

Wendt. Dein ganzes Leben in diesem Elend verbringen!
Dein ganzes Leben!... Das soll man ertragen?!... *(Ist
aufgesprungen.)* Das ist ja unmöglich, Toni! Das ist ja unmöglich!

Toni *(sanft).* Ach, doch!

Wendt. Toni!

Toni. Und wenn sie noch s c h l e c h t wären!... Sie sind
aber so gut! Alle beide! Ich habe sie ja so lieb!...

Wendt *(leise; einfach konstatierend, nicht vorwurfsvoll).*
Ja! Mehr als mich!...

Toni. Ach, du bist ja viel glücklicher!

Wendt. Glücklicher? Ich?!

Toni. Ja, du! Du!... Du bist ja noch jung und hast noch so viel vor dir!... Aber sie haben ja gar nichts mehr auf der Welt! Gar nichts!...

Wendt *(stöhnt auf)*.

Toni *(leise)*. Wir könnten ja d o c h nie so recht glücklich sein!... Ich hätte ja keine ruhige Stunde bei dir, wenn ich wüßte, wenn ich fortwährend denken sollte, daß hier... Nein, nein!... Das wäre ja nur eine fortwährende Qual für mich!... Das siehst du ja auch ein!

Wendt. Ich?... ein?!

Toni. Ja!

Wendt *(zuerst vollständig fassungslos, dann)*. Gut! Dann bleib ich hier!... *(Verzweifelt.)* Ich habe den Mut nicht, ohne dich, Toni!... Toni! – *(Auf sie zu.)*

Toni *(erschrocken, schon in seinen Armen. Flehend)*. Hier?! ... Nein! Ach, nein!...

Wendt. Und wenn alles in S t ü c k e geht!

Toni. O Gott!... Ach, nein!... N e i n!... Deine Eltern...

Wendt. Meine Eltern?! – He! – Wohl mein Vater?! Dieser orthodoxe, starrköpfige Pfaffe und ... Ae! Die ist mir ja auch nicht mehr das!...

Toni. Oh!

Wendt *(bitter)*. Ja, ja, meine liebe Toni!

Toni. Und deine Stellung?

Wendt. Meine Stellung? He! – Was ist mir denn meine Stellung! *(Leiser.)* Ich habe nur d i c h, Toni! Nur dich!...

Toni. Ach! – Aber sieh doch ... Nein! Das würde dir ja a u c h nichts nützen!

Wendt. Nichts nützen?!

Toni. Nein, nein!... Ach, nein! Das geht ja nicht!... Ach, das würde ja alles ganz anders werden, als du dir's jetzt vorstellst!... Du bist ja nicht so an alles das gewöhnt!... Und dann: eh' du dir dann wieder eine n e u e Stellung verschafft hast!... Alles das!... Nein, nein!... Es ist so g u t von dir, so g u t! Aber es nützte ja doch nichts!... Ach, siehst du denn das gar nicht ein?

Wendt *(stöhnt schmerzlich auf)*.

Toni *(einen Einfall bekommend)*. Ach na ... Und dann – siehst du!... Eigentlich: wir haben ja noch gar nichts ver-

loren? ... Später könnten wir ja – vielleicht – immer noch
zusammenkommen?

We n d t *(sie fest ansehend).* Später?

To n i *(etwas verlegen).* Nun ja? ... Ich ...

We n d t *(wie vorher).* Später?

To n i *(mit einem gequälten Lächeln).* Ich ... Nun ja – Warum denn nicht? Ich ... e ... Wir müßten vielleicht noch –
ein paar Jahre warten! ... Aber unterdessen kannst du ja
... *(Sie hat während der letzten Worte nach dem Bett hingesehn.)* Hach?! *(Ist zusammengefahren, sich fest an ihn
klammernd.)*

We n d t *(mit zitternder Stimme).* Um Gottes willen! Was ist
dir denn, Toni?!

To n i *(wieder aufatmend und sich über die Stirn streichend).*
Mir war – als wenn sich – im Bette dort etwas – bewegte ...

We n d t *(gleichfalls unwillkürlich zum Bett hinsehend. Sucht
sie zu beruhigen).* Du bist so erregt, Kind!

(Pause.)

To n i. Wir vergessen ... Wir müssen – vernünftig sein! ...
(Lächelnd.) Ach! – Sieh mal? – Mir – ist – schwindlig! ...
Ich bin – doch – ein bißchen – angegriffen ...

We n d t *(sie stützend).* Du hast dich so erschrocken, Toni! ...

To n i *(mit mattem Lächeln).* Laß nur! – Es ist – schon wieder gut! ... *(Sie ist mit gefalteten Händen vor das Bett
Linchens getreten. Weint.)* Ja! – Du siehst ... Mein liebes,
liebes Linchen! ... Mein Schwesterchen! ...

We n d t *(hinter ihr).*

To n i *(weinend, wendet sich zu ihm).* Sieh doch!

We n d t *(abgewandt).* Toni ...

To n i. Ich b i t t e dich! – Ich b i t t e dich! –

We n d t *(sie ansehend. Aufs tiefste erschüttert. Hat ihre
Hand ergriffen. Demütig).* Toni! – Oh, was bin ich gegen
dich! – Wie muß ich mich vor dir schämen! ...

To n i *(abwehrend).* Ach ... *(Ernst.)* Aber: wir dürfen nicht!
Nicht wahr?

We n d t *(sich abwendend).* Du hast recht! *(Hat ihre Hand
wieder fallen lassen.)* ... Ja! Du brauchst mich nicht! – Du
bist groß und mutig und stark und ich so klein, so feig
und – so selbstsüchtig! *(Beschämt.)* Ich – Tor ich! ... Ja!
Du hast recht! – *(Seufzt tief auf.)* Wir dürfen nicht! ...

To n i *(seine Hand ergreifend und ihm die ihre auf die Schul-*

ter legend, sieht ihm in die Augen). Nicht w a h r , Gustav?
... Wir dürfen doch nicht nur an uns denken?!

W e n d t *(im tiefsten Schmerz. Ihre Hand drückend).* Ach –
Mädchen! –

T o n i . Du bist so gut gewesen!... Du hast's so gut mit uns
gemeint!...

W e n d t *(gequält).* Ist denn nur k e i n e , k e i n e Möglichkeit?!... Herrgott!!...

T o n i *(schmiegt sich an ihn).* Siehst du: ich muß ja doch auch
aushalten!

W e n d t *(schmerzlich).* Toni! – Toni! –

T o n i *(immer in derselben Stellung. Wieder mit einem Lächeln).* Ach, wenn man so den Tag über arbeitet, weißt
du ... wenn man sonst gesund ist und immer tüchtig arbeiten kann, da denkt man an nichts!... Da hat man keine
Zeit, an was zu denken!... Und du – du weißt so viel!
Du kannst so viel nützen...

W e n d t *(düster).* Ich? Nützen?

T o n i . Ach ja!

W e n d t . Nützen!... Ja früher! Wenn ich noch wie früher
wär'!... Aber jetzt?! Jetzt?!...

T o n i . Ach, das ist ja nur so für den Augenblick!... Du
kannst glauben: das ist n u r so für den Augenblick!...
Wenn du erst d o r t bist... Das ist so ein schöner, schöner
Beruf, Pastor!

W e n d t . Ich glaube an alles das nicht, womit ich die Leute –
trösten soll, liebe Toni! Und ich kann nicht – lügen!

T o n i *(lehnt den Kopf an seine Schulter. Zu ihm auf).* Aber
wenn nun... Wenn du mich nun... Hättest du d a n n
gelogen?

W e n d t . Wie meinst du?

T o n i . Ich meine: Wenn du mich – geheiratet hättest und du
wärst dann Pastor gewesen, dann hättest du doch ebenso-
gut den Leuten was vorgelogen, wenn du überhaupt an
das alles nicht g l a u b s t ? ... Du sagtest doch gestern –
ich weiß nicht mehr, wie du's ausdrücktest!... Aber –...
Ja! – Wir hätten dann, was mit dem Leben versöhnte! –
So ungefähr! – Es war so schön!...

W e n d t . Mädchen! – Mädchen! –

T o n i . Ach, laß doch! – D u hast dort zu tun und i c h –
hier! – Und wenn wir dann – manchmal aneinander den-

ken, dann – wird es uns leichter werden! ... Nicht wahr?
... *(Mit mildem Scherz.)* Ich will mal sehn, wie oft mir
das Ohr klingt! ... Ach ja! Wenn man nichts zu tun hat,
dann denkt man so an alles und dann sieht alles – viel
schlimmer aus, als es ist! ... Aber wenn man arbeitet, dann
schafft man sich alles vom Halse! ...

W e n d t. Ja! Ja! Du hast wieder recht, wieder recht! ...
(Sieht sie innig an.) Ach Mädchen! – Du wunderbares
Mädchen! Wie könnt' ich jetzt ohne dich leben! ...

T o n i *(ängstlich).* O nein, nein! ... Das sagst du ja nur so!
– Das wäre doch schlimm, sieh mal, wenn du das könntest,
wenn du bloß von m i r abhängst! – Lieber Gott! Ich bin
ja so dumm! – Ich weiß ja nichts!

W e n d t. Ich meine nicht so! – Du hast recht! – H! ... Wir
müssen uns darein finden!

T o n i *(freudig, sich an ihn drückend).* Ach, siehst du! – Das
ist gut von dir! Das ist g u t!

W e n d t. Aber, nicht wahr! Ich habe dich doch g e f u n d e n
und du – du machst mich jetzt zu einem anderen Menschen! ... Du hast mich überhaupt erst zu einem gemacht,
liebe Toni! ...

T o n i. Ach, ich! ...

W e n d t *(innig).* Ja! Du! ... Das Leben ist ernst! Bitter
ernst! ... Aber jetzt seh ich, es ist doch schön! – Und weißt
du auch warum, meine liebe Toni? Weil solche Menschen
wie du möglich sind! – ... Ja! So ernst und so schön! ...
(Streichelt ihr über das Haar.)

T o n i *(leise, selbstvergessen, glücklich).* Ach ja! ... Ach, aber
das ist gut von dir! ... Ich wußte ja ...

      (Pause. Sie sehen sich in die Augen.)

T o n i *(schmerzlich, sehnsüchtig aufseufzend).* Ach, du! ...

W e n d t *(sie fest an sich pressend).* Hm? Du! ... Toni! ...

T o n i *(in Gedanken an ihm vorbeisehend).* Ach ja!

W e n d t *(schmerzlich).* Toni! – Toni! – *(Preßt sie eng an sich.)*

T o n i *(mit erstickter Stimme).* Still ... Sei still ...

W e n d t *(verloren).* Toni ... *(Beugt sich über sie und will
sie küssen.)*

T o n i *(mit erstickter Stimme).* Laß! ... Ich – höre – die Mutter! ... Ich muß nun – Wir müssen nun daran denken! ...
Nicht wahr? ...

W e n d t. Toni! Ich bleibe noch! ... Einen Tag! ...

Toni *(wie vorher)*. Nein! ... Bitte! ... Bitte! ... M i r zu-
liebe! ...

Wendt. Ach! ... Leb wohl! ... *(Küßt sie.)*

Toni *(seinen Kuß erwidernd, mit tränender Stimme)*. Leb –
wohl! ... *(Sie drückt sich gegen seine Brust.)* Leb wohl! ...
(Es klingelt. Toni will aufmachen.)

Wendt *(hält sie zurück)*. Laß! I c h werde aufmachen! – 's
wird wohl nur der alte Kopelke sein ... *(Er geht aufmachen. Toni zieht sich in die Küche zurück.)*

Kopelke *(noch im Korridor)*. Danke scheen! Danke scheen!
Juten Morjen, werter, junger Herr: – Na! Schon uf 'n
Damm? ... Wie steht't denn mit unse Kleene? – Aha! Ich
weeß schon! ... Se schläft noch! Scheeniken! ...

Wendt. Nein, sie ... Bitte, treten Sie ein, Herr Kopelke!

Kopelke *(tritt geräuschlos ein. Er hat ein kleines Paketchen unterm Arm. Bleibt einen Augenblick bei der Tür
stehen und sieht sich um)*. Juten Morjen! ... Nanu?! Kee-
ner da?! ... Det is jo hier noch so 'ne Wirtschaft?! ... *(Zu
Wendt hinter sich zurückflüsternd.)* Sagen Se mal, et is
doch nich etwa ... He?! ...

Frau Selicke *(lugt aus der Kammer)*. Ach, Sie sind's,
Herr Kopelke? *(Tritt ein.)*

Kopelke. Ja, ick! ... Juten Morjen, Frau Selicken! ... Ick
wollt mal ... Sagen Se mal, et ...

Frau Selicke *(weinend)*. Ach, Herr Kopelke! ...

Kopelke *(besorgt)*. Nanu?! Et is doch nich ...

Frau Selicke *(in Tränen ausbrechend)*. Ach! Nun brau-
chen Sie – nicht mehr – Herr Kopelke ...

Kopelke *(das Paketchen auf den Tisch legend)*. Det hat
sick doch nich – verschlimmert?!

Frau Selicke. Hier! ... Da! ... *(Sie ist mit ihm ans Bett
getreten.)*

Kopelke *(steht eine Weile stumm da und gibt einige grun-
zende Laute von sich)*.

Frau Selicke. Diese Nacht um zwei ...

Kopelke *(mit bebender Stimme)*. Biste dot, mein liebet
Linken? ... *(Tritt zu Frau Selicke und nimmt ihre Hand.)*
Frau Selicken! ... Meine liebe Frau Selicken! ... Det ...
Sehn Se! ... Det ... Hm! ... Hm! ... *(Er hält einige
Augenblicke, seitwärts sehend, ihre Hand. Plötzlich.)* Wo
ist denn Edewacht?

Frau Selicke. Drin in der Kammer!... Er sitzt da und –
und – rührt sich nicht ... Wie tot!... Ach Gott, ach Gott,
ach Gott!...

Kopelke. Hm!... *(Wendet sich wieder zum Bett und betrachtet die Leiche.)* Un ick dacht' ... Hm!... Un ick hatt'
ihr da – noch 'ne – Kleenigkeit – mitjebracht!... Hm!...
Nu is det – nich mehr needig!... Nu hat se det – freilich –
nich mehr – needig!... Hm!... Hm!... *(Toni tritt in die
Küchentür und sieht in die Stube nach Frau Selicke.)* Liebet Freilein!... *(Kopelke gibt ihr die Hand. Toni sieht
still seitwärts.)* Liebet Freilein!... *(Toni geht zu Frau Selicke.)*

Toni. Mutterchen! Da bist du ja schon wieder?... Hast du
denn nicht ein bißchen geschlafen?

Frau Selicke. Nein! – Kein Auge hab ich zutun können!
– Nur so ein bißchen gedämmert!... Wie's klingelte, war
ich gleich wieder wach!... Haste denn Herrn Wendt ...

Toni. Ja! Laß nur! Ich gehe schon! Leg dich aber wieder
hin, Mutterchen! Hörst du?

Frau Selicke. Ja, ja! *(Toni geht in die Küche zurück.)*
Warten Sie, Herr Kopelke! – Ich werde meinem Manne
sagen ... *(Ab in die Kammer.)*

Kopelke *(tritt vom Bett zu Wendt hin, der die ganze Zeit
über ernst beiseite gestanden hat).* Die armen Leite! – Die
armen Leite! – Jott! Ick sag immer: warum muß et bloß
so ville Elend in de Welt jeben? – Ae, Jottedoch! – ... Sie
wolln nu heite ooch reisen?

Wendt *(zerstreut).* Ja! – Gleich nach den Feiertagen tret
ich meine Stellung an.

Kopelke. Ja, ja! – Det wird Ihn'n nu ooch so nich passen! –
Na, wissen Se, werter, junger Herr! Det lassen Se man jut
sind! Die Beffkens un der schwarze Rock un det so: det is
jo allens Mumpitz! – Sowat macht 'n Paster nich! Damit
kenn'n Se sick trösten! – Da sitzt der Paster! Verstehn Se?
Da! *(Klopft sich auf die Brust.)* ... Un denn, wissen Se: in
die zwee Jahre haben Se hier wat kennenjelernt, wat
mennch eener sein janzet Leben nich kennenlernt, un wat
Beßres, verstehn Se, hätt Ihn'n janich passirn können!...
Ick wünsch Ihn'n ooch ne recht jlickliche Reise! – Wah mich
immer sehr anjenehm, werter, junger Herr! Wah mich

immer sehr anjenehm!... Un, Se kommen doch später
hier mal widder her? Wat?...

Wendt *(nachdrücklich).* Ja das werd ich! – Über kurz oder
lang!... Ich danke Ihnen, Herr Kopelke!

Kopelke *(ihm die Hand drückend).* Scheeniken! Scheeniken! Det is recht von Sie!
> *(Frau Selicke kommt aus der Kammer.)*

Frau Selicke. Es is nichts mit'm anzufangen! – Gehn Sie
nur selber zu'm rein, Herr Kopelke!... Ach Gott, ja!...

Kopelke *(nimmt ihre Hand).* Kinder! – Kinderkens!...
Laßt man jut sind! Wir kommen ooch noch mal an de
Reihe!... *(Verschwindet hinter der Kammertür.)*

*(Draußen fangen die Glocken zum Frühgottesdienst an zu
läuten. Das Läuten dauert bis gegen Schluß.)*

Frau Selicke. Da läuten sie schon zur Kirche!... Ach,
wer hätte das gedacht, daß Sie mal so von uns fortziehen
würden, Herr Wendt!... Unter solchen Umständen!...
(Weint.) Lassen Sie sich's recht gut gehen! *(Gibt ihm die
Hand.)* Und grüßen Sie Ihre Eltern unbekannterweise
recht schön von uns!... Erleben Sie bessere Feiertage –
und – denken Sie manchmal an uns...

Wendt. Ja! – Das werd ich sicher, liebe Frau Selicke!

Frau Selicke. Wo bleibt denn Toni? Sie haben ja gar nich
mehr soviel Zeit...

Toni *(kommt mit Frühstück und Kaffeegeschirr; in der andern Hand trägt sie ein Köfferchen. Im Vorbeigehn zu
Wendt).* Bitte!

Wendt *(nimmt es ihr ab und stellt es neben sich unter den
Sofatisch).* Ich danke Ihnen ...

Frau Selicke *(mit der Schürze vor den Augen. Schluchzend).* Ach Gott ja! Ach Gott ja!

Toni *(hat das Frühstück in Wendts Zimmer getragen und
kehrt nun wieder zu ihrer Mutter zurück. Sie umarmt sie
und küßt sie. Zärtlich).* Mutterchen! – Muttelchen!...

Frau Selicke *(zu Wendt, immer noch schluchzend).* Ja,
grüßen Sie sie nur! Grüßen Sie sie recht schön von uns!

Wendt *(ihre Hand ergreifend).* Ich danke Ihnen, Frau Selicke! Ich danke Ihnen! Für – alles! *(Ihre Hand drückend.)*
Leben Sie wohl! *(Zu Toni, die mit dem einen Arm noch
immer ihre Mutter umschlungen hält, ebenfalls ihre Hand*

ergreifend.) Leben Sie wohl! Ich ... *(Toni hat sich an die Brust ihrer Mutter sinken lassen und vermag ihm nicht zu antworten. Ihr ganzer Körper bebt vor Schluchzen.)*

Wendt *(sich plötzlich über ihre Hand, die er immer noch nicht losgelassen hat, bückend und sie küssend).* Ich komme wieder! ...

NACHWORT

Die neue Prosa in konsequent naturalistischer Technik, die die Freunde Arno Holz (1863–1929) und Johannes Schlaf (1862–1941) im Winter 1887/88 im *Papa Hamlet* und einigen anderen skizzenhaften Erzählungen ausgebildet und durchformt hatten[1], drängte zum dramatischen Aufbau und Stil. Holz und Schlaf erkannten, nicht ohne Entdeckertriumphe, daß dem naturalistischen Stil die dramatische Darstellung, die vergegenwärtigende Szene und der gesprochene Dialog adäquat seien. Auf der Szene konnte alles Darzustellende unmittelbare Gegenwart, sinnlicher Augenblick werden, war der Zuschauer und Zuhörer vor eine ‚zweite‘ Wirklichkeit gebracht. Auf der Szene konnten die stummen Momente, die zu erzählen sich der berichterstattende Autor einschalten mußte, erst voll wirksam werden. Da waren die Dinge, die Personen, die Geräusche selbst präsent – sie bedurften keinerlei Vermittler. Die Bühne war die beste „Reproduktionsbedingung" einer naturalistischen Kunst.

Es hat auf das Drama von Holz und Schlaf, wie sie es in der *Familie Selicke*, 1890 erschienen, in gemeinsamer Arbeit aufbauten, abgefärbt, daß sie sich ihm vom Erzählerischen her näherten. Denn auf diese Weise glückte eine größere Distanzierung gegenüber den traditionellen dramatischen Formen, als sie Henrik Ibsen, Leo Tolstoi oder Emile Zola in ihren Theaterstücken möglich geworden war. Später, als die Freundschaft zwischen Arno Holz und Johannes Schlaf zu einer erbitterten Feindschaft auseinandergebrochen war, erhob Johannes Schlaf den Anspruch auf die Priorität dieser Entdeckung. „Und wie ich feile und mir ansehe, was ich gearbeitet, geht es mir plötzlich auf, daß ich die sehr differenzierte und intime Form eines neuen und ganz eigenartigen Dramas gefunden habe." Doch ebenso beanspruchte Holz, solche Notwendigkeit zum Drama zuerst begriffen und theoretisch wie praktisch begründet zu haben. Die viel umfehdete

1. Ich verweise, um Wiederholungen zu vermeiden, auf mein Nachwort zu der Ausgabe von A. Holz, J. Schlaf: ‚Papa Hamlet‘ (Universal-Bibliothek Nr. 8853/54) Stuttgart, Philipp Reclam jun. 1963.

Frage, wie sich die Zusammenarbeit der beiden Freunde voll-
zog, wer jeweils der Anregende, jeweils der Empfangende
oder Ausführende war, läßt sich nicht mehr entscheiden und
ist belanglos geworden. Es kann nur gesagt werden, daß die
stoffliche Grundlage der *Familie Selicke* auf einer kleinen
Skizze von Johannes Schlaf, *Mainacht,* beruht. Und daß die
Formung des Spiels die Verwirklichung jener Theorie der
naturalistischen Darstellungsprinzipien bedeutet, die Arno
Holz entwickelt und dargelegt hat. Das Ergebnis ihrer gemeinsamen Arbeit stellt unzweifelhaft einen bedeutenden
Schwellenpunkt in der Geschichte des ‚modernen' Dramas
und Theaters dar; *Die Familie Selicke* ist die konsequenteste
Entwicklung und Zusammenfassung eines neuen Kunst- und
Stilverständnisses, der Bemühungen um einen strengen Naturalismus. Dieses Drama wurde der letzte Höhepunkt der
produktiven Kompaniearbeit beider Autoren. Mit der *Familie
Selicke,* so heißt es im Vorwort von *Neue Gleise. Gemeinsames von Arno Holz und Johannes Schlaf,* 1892, „hatte unser Zusammenarbeiten seinen natürlichen Abschluß gefunden.
Es war von Anfang an nie etwas anderes als ein einziges großes Experiment gewesen, und dieses Experiment war geglückt!
Kein Homunculus war unserer Retorte entschlüpft, kein
schwindsüchtiges, bejammernswertes Etwas, dessen Lebens-
licht man nicht erst auszublasen brauchte, weil es von selbst
ausging, sondern eine neue Kunstform hatten wir uns er-
kämpft, eine neue Technik dem deutschen Drama, unseren
Gegnern zum Trotz, die sich triebsicherer senkt in das Leben
um uns, keimtiefer als die bisherige, und überliefert gewesne,
und wohin wir zur Zeit blicken in unserer jungen Literatur,
überall bereits begegnen wir ihren Spuren ...“
  Arno Holz, der theoretisch Führende, hat diese Kompaniearbeit im Vorwort der ersten Auflage der *Familie Selicke,*
aus einem Brief an einen Kritiker vom 1. November 1889
sich selbst zitierend, geschildert. „Eine langjährige Freundschaft, verstärkt durch ein fast ebenso langes, nahestes Zu-
sammenleben, und gewiß auch nicht in letzter Linie beeinflußt durch gewisse ähnliche Naturanlagen, hat unsere Indi-
vidualitäten, wenigstens in rein künstlerischen Beziehungen,
nach und nach geradezu kongruent werden lassen! Wir kennen nach dieser Richtung hin kaum eine Frage, und sei sie
auch scheinbar noch so minimaler Natur, in der wir ausein-

andergingen. Unsere Methoden im Erfassen und Wiedergeben des Erfaßten sind mit der Zeit die vollständig gleichen geworden. Es gibt Stellen, ja ganze Seiten im *Papa Hamlet*, von denen wir uns absolut keine Rechenschaft mehr abzulegen vermöchten, ob die ursprüngliche Idee zu ihnen dem einen, die nachträgliche Form aber dem anderen angehört, oder umgekehrt. Oft flossen uns dieselben Worte desselben Satzes gleichzeitig in die Feder, oft vollendete der eine den eben angefangenen Satz des anderen. Wir könnten so vielleicht sagen, wir hätten uns das Buch gegenseitig ‚erzählt‘; wir haben es uns einander ausgemalt, immer deutlicher, bis es endlich auf dem Papier stand. Uns nun nachträglich sagen zu wollen, das gehört dir und das dem anderen, liegt uns ebenso fern, als es in den weitaus meisten Fällen auch tatsächlich kaum mehr zu ermitteln wäre. Wir haben nicht das mindeste Interesse daran! Unsere Freude war, daß es dastand, und die Arbeit selbst gilt uns auch heute noch mehr als die Arbeiter. Ein weiteres größeres Opus haben wir bereits wieder unter der Feder und es wird sich ja zeigen, ob es die von uns angenommene ‚Einheit unserer beiden Naturen‘ bestätigen wird oder nicht . . . – Das angedeutete Werk ist dieses Drama.“

Was die Zeitgenossen entrüstete und empörte, so daß sich die Kritiker bis zu Vokabeln wie „Tierlautkomödie“ und „Affentheater“ verstiegen und, von Arno Holz mit der Freude an der geglückten Provokation zitiert, warnten „. . . dann wird eben keine Frau, die auf Reputierlichkeit Anspruch erhebt, sich dort sehen lassen dürfen, und die Herren werden sich in die Vorstellungen hineinstehlen müssen, wie man das beim Besuche zweifelhafter Lokale tut“ – das hat längst das Sensationelle eingebüßt. Rang und Leistung der *Familie Selicke* liegen nicht in dem seinerzeit erregenden Griff nach einer bisher von der bürgerlich-realistischen Literatur verschwiegenen stofflichen Welt, die durch das „Kleine-Leute-Milieu“, durch Armut, Krankheit und Trunksucht, durch einen mühseligen Lebenskampf, dessen Entsagungen und Hoffnungslosigkeit gekennzeichnet ist. Der pessimistischen Demaskierung des Menschen – „Die Menschen sind nicht mehr das, wofür sie sich hielt! Sie sind selbstsüchtig! Brutal selbstsüchtig! Sie sind nichts weiter als Tiere, raffinierte Bestien, wandelnde Triebe, die gegeneinander kämpfen, sich blindlings zur Geltung bringen bis zur gegenseitigen Vernichtung! Alle die schönen Ideen, die sie sich zurechtgeträumt haben, von Gott, Liebe und ... eh! das ist ja alles Blödsinn! Blödsinn! Man ... tappt nur so hin. Man ist die reine Maschine!" – dieser Klage des enttäuschten Idealisten Gustav Wendt sind bei weitem radikalere Demaskierungen gefolgt. Und es bleibt in dem Drama der Traum einer Liebe bewahrt, die, Flucht aus der Einsamkeit, die Möglichkeit eines Ideellen rettet, auch wenn sie, selbst in der Form eines bescheidenen Idyllenglücks im weltabgelegenen Winkel, unerfüllbar wird. Es gibt, auch in Linchens Fiebererinnerung, noch ein schöneres Leben, das, nach altem Konventionsschema, im Ländlichen, fern vom Milieu der Großstadt und seinem „furchtbaren Elend" da ist. Großstadtschreknis und Landidylle – das deutet in das bürgerliche 19. Jahrhundert zurück.

Was die Zeitgenossen aber noch mehr erschreckte, war die Negation des Theaters als Illusion des Festlichen und Höheren, war dessen Identifikation mit der Wirklichkeit und Wahrheit eines nicht erhebenden, sondern durchaus fragwürdigen Lebens. Dennoch hat dies nicht aufgehoben, sondern nur verstärkt, daß Holz und Schlaf hier den Stil des traditionellen Illusionstheaters festgehalten, ja, bis zu seiner äußersten Konsequenz gebracht haben. Die Bühne sollte mit der Wirklichkeit des Lebens identisch werden; das Drama wurde zur Manifestation, daß es, zumindest während des Ablaufes des Spiels, für die Spieler wie für die Zuschauer nur diese hier mit sinnlichster Nähe vergegenwärtigte Welt und nichts sonst gäbe. Es war das Prinzip der beiden Verfasser, alles auszuschalten, was geeignet wäre, diese Illusion der Wirklichkeit, handle es sich um die ablaufenden Geschehnisse, um Charakter, Gebärden und Sprache der Personen, um das räumliche und zeitliche Milieu, zu beeinträchtigen. Die Anstrengung von Arno Holz, „aus dem Theater allmählich das ‚Theater' zu verdrängen", war also keine Negation seines Illusionscharakters, vielmehr dessen Steigerung, sollte doch durch die richtige Behandlung des Reproduktionsmaterials „statt des bisher überliefert gewesenen posierten Lebens damit mehr und mehr das nahezu wirkliche" auf die Bühne gesetzt werden. Ein Ausschnitt von alltäglichster Wirklichkeit wird mit allem Zubehör, bis in das kleinste Mobiliarrequisit, bis in alle Begleit- und Nebengeräusche, abgeschlossen gegen alles, was über sie hinausweisen könnte. Die Kunst hat einen Eigenwert eingebüßt. Dies bedeutete wohl den größten Schock für die Zeitgenossen. Diese Kunst, die gänzlich in die Dienstschaft des Lebens gezwungen war, ein Mittel der Information über die Wirklichkeit und Wahrheit des Lebens, setzte an den Platz der produktiven Imagination die Technik der lückenlosen Beobachtung, der logisch-kausalen Auswahl und der exaktesten Reproduktion. Nirgends wird eine Führung durch den Autor oder den Regisseur bemerklich. Alles läuft so ab, als ob es aus sich selbst geschehe, als ob, was sich auf der Bühne darstellt, eine sich selbst gehorchende, autonome Wirklichkeit sei. Und es gibt nichts mehr über dieser Wirklichkeit einzelner, auch im Familienverband einsamer und angstvoller Menschen, keine Hilfe vom göttlichen Oben, an das selbst der Theologe und künftige Landpastor nicht mehr glaubt, keine Hilfe in ihnen selbst. Wie sie mit sich und ihren Nebenmenschen zurechtkommen oder nicht, wie sie sich sehnen und sich verirren, ringen und leiden, klagen und dulden – das ist das Thema dieses ganz auf den einzelnen, einsamen Menschen konzentrierten Dramas. Die Spannung liegt in dem, was sie sind und sein müssen, nicht in dem, was sie wollen, handeln und entscheiden.

Diese Steigerung des Illusionsdramas schließt ein, daß Holz und Schlaf das traditionelle Prinzip der Guckkastenbühne szenisch streng bewahrt haben – im Gegensatz zu der späteren Ausgestaltung des ‚epischen' Theaters, das mit diesem naturalistischen Theater, trotz dessen Initiation aus dem Erzählerischen und trotz dessen Negation konventioneller dramatischer Aufbaumittel, nicht verwechselt werden darf.

Gewiß tritt hier, wie oft bemängelt wurde, die Handlung hinter der breiten Ausgestaltung des Zuständlichen zurück, liegt der Hauptakzent nicht mehr auf einer dramatischen Entwicklung, sondern auf deren Endpunkt, auf der Katastrophe, mit der allerdings nichts beendet wird, da an der Determination dieses Lebenszustandes nichts geändert werden kann. Was sich an diesem mehr als trübseligen Weihnachtsabend, in der Weihnachtsnacht und dem folgenden Morgen in dieser Familie Selicke darstellt, ist der Ausbruch eines längst vorbereiteten Zustandes, der bis zu einem Spannungspunkt gereift ist, an dem die ganze Misere ihres Lebens zum Ausdruck kommt. Dem alten Prinzip der dramatischen Handlung wird genau entgegengesetzt, daß alle diese Menschen gerade nicht handeln können, daß sie in ihrem Milieu und mehr noch in ihrer psychologischen Artung gefangen, eingekerkert sind und, wie für die Tochter Toni, auch der kleine Versuch des Ausweges, die Chance, diesem gemeinsamen Elend in ein so nahe greifbares Glück zu entfliehen, verwehrt wird. Es gibt hier keine Freiheit von Selbstentscheidungen, nur eine klägliche Eingebundenheit, und wo, wie bei Toni, die Möglichkeit zu einer eigenen inneren Entscheidung angezeigt wird, dient sie nur der Erkenntnis der Unfreiheit, nämlich ihrer Einsicht, ihre Eltern und Brüder nicht verlassen zu dürfen. Diese Gebundenheit wirkt um so erstickender, weil in der episodischen Figur des alten Kopelke wie in dem angehenden Landpastor Gustav Wendt doch so etwas wie eine Chance zur Selbstbefreiung sichtbar wird.

Holz und Schlaf ist es gelungen, solche Determination mit zwanghafter Konsequenz herauszuarbeiten. Das Schwergewicht liegt jedoch nicht im Bereich des Sozialmilieus, nicht in der sozialpolitischen Akzentuierung der Gesellschaftszugehörigkeit. Es geht den Autoren ersichtlich nicht um Probleme der gesellschaftlichen Verhältnisse, sondern um Probleme des ‚Lebens‘, das sich mit seiner brutalen Härte in dem Großstadtmilieu, in der Existenz am untersten Rande der bürgerlichen Gesellschaft demonstriert. Daß vergilbte Gipsstatuetten von Schiller und Goethe und Kaulbachs Stahlstich mit dem Sujet des ‚Werther‘ zu den Ausstattungsstücken der Wohnung Selicke gehören, deutet so wie die Porträts des alten Kaisers und Bismarcks an, daß sie sich noch zum bürgerlichen Milieu, seinem Bildungsanspruch und Patriotismus hinzuzählen, auch wenn sie deklassiert in eine fast proletarische Situation abgesunken erscheinen. Mutter Selicke sagt es ausdrücklich von ihrem Ehemann: „Un d e r will nun ’n gebildeter Mann sein!" Das Schwergewicht liegt im Psychologischen: in der unglücklichen Charakteranlage der Ehepartner, die sich gegenseitig das Leben zur Hölle machen und in sie ihre Kinder hineinzerren, in dieser Summe von menschlichem Versagen, das jeden am andern leiden läßt, sie gegeneinander treibt, in Situationen, aus denen keiner von beiden sich herauszufinden die Kraft hat und in denen keiner fähig ist, den andern zu verstehen oder ihm gar zu helfen. Gustav Wendt sagt es mit direkten Worten: „Das k a n n ja kein Mensch e r t r a g e n ! Dein Vater: brutal, rücksichtslos, deine Mutter krank, launisch; beide eigensinnig; keiner kann sich überwinden, dem andern nachzugeben, ihn zu verstehen, um ... um der Kinder willen! Selbst jetzt, wo sie nun alt geworden sind, wo sie mit den Jahren vernünftiger geworden sein müßten! Die Kinder m ü s s e n ja dabei zugrunde gehn!" Aber doch ist keiner im eigentlichen Sinne schuldig; der Vater wie die Mutter sind mehr pathologisch Leidende, und sie werden nur durch ihr Leiden aneinander, durch ihre Unfähigkeit, einander zuzuhören, schuldig. Jeder ist in sich selbst eingepanzert. Vater Selicke: „Dein Vater war dumm, gut und dumm, mein Sohn! Aber nicht schlecht! – Er hat euch – alle lieb! – Alle! – Auch eure Mutter! – Sie kann's nur nicht verstehn! – Und das – ist unser Unglück! ..." Der Vater ist nicht einfach ein jähzorniger Trunkenbold, er hat Züge innerer Zartheit und Liebessehnsucht, und er leidet unter seiner Einsamkeit, aus der er dem Vogel heraushilft, der ihm einen Spiegel zur Seite stellt und ihm so die Illusion eines Gefährten verschafft. Sein Unglück ist seine falsche Ehe und eine Schwäche, die er hinter Heftigkeit und Aggressivität verbirgt. Bei der Person des Vater Selicke spielt gewiß noch die Tradition des tyrannischen, polternden und versteckt warmherzigen Familienvaters mit, die die Geschichte des bürgerlichen Trauerspiels seit dem späteren 18. Jahrhundert durchzieht. Aber wie ist dies jetzt psychologisch differenziert, zu komplexen Mischungen und tieferem Verständnis menschlicher Psyche nuanciert worden. Zu dieser Tradition des Familiendramas gehört ebenso die Bindung der Tochter Toni an ihren Vater; sie allein versteht ihn, leidet mit ihm, und sie versucht immer wieder, ihn der Mutter verständlich, zugänglich und entschuldbar zu machen, dieser hilflosen, verbitterten und verkümmerten Mutter, die sich völlig als Opfer fühlt und derart jedes Gefühl für ihren Mann verloren hat. Das Pathologische der zerstörten psychischen Konstitution, gesteigert durch Enge, Armut des Milieus, macht das Unglück dieser Familie aus. Im Psychischen liegt das Gefängnis, in das sie eingekerkert sind und in das sie sich gegenseitig einkerkern.

An die Stelle des Fatums, des Schicksals, das im älteren Drama als religiös oder numinös Irrationales, als die erhabene und unerbittliche Weltordnung, als Nemesis oder letzte metaphysische Gerechtigkeit über dem Geschehen waltet, tritt hier die empirisch-psychologische Kausalität. Sie ist fast mit der Exaktheit medizinischer Analyse durchgeführt. Die Determination ist in das individuell Psychische verlegt, und sie entzieht damit den Personen jede Chance, sich zu entwickeln oder zu verändern. Aber wie Holz und Schlaf an dem überlieferten Typus des Illusionsdramas, der Guckkasten-bühne festhielten, so gerade mittels solcher Determination an dem alten dramatischen Prinzip der ‚Notwendigkeit‘. Sie be-kommt eine naturgesetzliche Zwangsläufigkeit, die sich am sinnfälligsten in dem schließlich alles entscheidenden und doch zugleich nichts verändernden Tod des Kindes doku-mentiert. Man kann nicht umhin, bei diesem alle Affekte des Mitleids und vielleicht auch der Furcht erregenden Sterben an Lessings Interpretation des Aristoteles, an das Wirkungs-instrumentarium des bürgerlichen Rührungsstücks zu erin-nern. Zweifellos liegt hier zugleich die Anregungsquelle für Gerhart Hauptmanns *Hanneles Himmelfahrt.* Die Härte der Determination wird in den Linchen-Dialogen ganz ins Ly-rische aufgelöst und so ein Poetisches – mit aller seiner trau-rigen Todeseinsamkeit – in die Misere dieses Lebensbildes als Kontrastakzent eingelegt. Dieser Tod bleibt ein klinischer Fall, er wird psychologisch instrumentiert und weist dennoch auf poetisch rührende Weise aus dieser armseligen Wirklich-keit hinaus. Er wird zum letzten Anlaß von Tonis märtyrer-hafter Entscheidung gegen ihre Liebe. Er zwingt sie, in Ein-haltung des Vierten Gebotes, ihre einzige Rettungsmöglich-keit aus diesem Elend, indem sie ihrer Liebe zu Gustav Wendt folgen würde, sich selbst und dem Geliebten zu verweigern – ungeachtet seiner beschwörenden Bitten, daß ihm nur mit ihr zusammen das ‚Leben‘ möglich sei.

Mit der Figur der Toni retten die beiden Verfasser in der Misere und Verkümmerung dieser Familie noch etwas wie Würde und Licht des Menschlichen, aber beides äußert sich nur als ein Opfer und Verzicht, als eine Ergebung in die ausweg-lose Gefangenschaft. Man mag über die fraglose Glaubwür-digkeit dieser Entscheidung Tonis streiten, in ihr eine nicht durchaus einsichtige Kapitulation sehen und sich fragen, ob, anders handelnd, sie nicht sogar ihrer Familie hätte helfen können. Holz und Schlaf haben hier das Ethische als höheren Wert in das Drama eingeschaltet, es damit gleichsam wieder aus dem Abgrund des Pessimismus zurückgeholt, und sie ha-ben das Ethische dieser Selbstaufopferung, christliche Beiklänge vermeidend, ganz in das persönlich Moralische gelegt. Nur der ferne Glockenklang, dem Toni schon im ersten Akt hingegeben lauschte, ist im Ohr des Zuschauers und mag ihn mit Weihetönen der Musik von fern an Nachklänge des christlichen Märtyrerdramas, der überstandenen, im Selbstopfer besiegten Versuchung erinnern. Dieser Schluß ist objektiv weder moralisch noch psychologisch völlig geglückt, auch wenn er subjektiv, aus der psychologischen Konstitution Tonis, wohl nicht anders gedacht werden kann und ihr tatsächlich keine Freiheit der Wahl bleibt. Das Ende des Dramas in seiner Akzentuierung des Rührenden und Sentimentalen weist, bei aller Verhaltenheit in Dialog und Gestik, wiederum auf Traditionen des bürgerlichen Trauer- und Rührspiels zurück. Es ist deutlich, daß Holz und Schlaf es nicht möglich war, sich so entschieden, wie sie es geglaubt hatten, vom dramatischen Schema der Tradition zu emanzipieren. Holz hat selbst eingestanden: „Es gibt vielleicht nichts Schwierigeres, nichts, was den Willen stärker anspannt, als Konventionen abzustreifen."

Was die Autoren zu dieser negativen Konfliktlösung Tonis zwischen dem klassischen Streitpaar von Pflicht und Neigung, moralischem Gesetz und innerem Trieb veranlaßte, war die Absicht, das Zwanghafte zu manifestieren, unter dem das ganze Geschehen in diesem Drama steht und von dem auch jene berührt werden, die nicht zu der Familie gehören. Alle leiden an inneren Lebensbrüchen. Der alte weichherzige Kopelke hat sich mit gelassenem Altershumor damit abgefunden, daß er nicht aus seinem Leben machen konnte, wozu er veranlagt war. Gustav Wendt fügt sich mit schwächlichem Kompromiß seinem Bürgerberuf als Pastor, obwohl er nicht mehr ‚glauben' kann und die Theologie ihm zur Kanzelphrase geworden ist. Sie sind alle genötigt, im Widerspruch zu dem zu leben, was sie sein könnten oder möchten: Mutter Selicke, die an ihrer Ehe zerbrochen ist, Vater Selicke, der sich in den Alkohol flüchtet. Solche Manifestation des Zwanghaften wurde der naturalistische Beweis der klassischen dramatischen ‚Notwendigkeit'. Von hier aus wird verständlich, daß Arno Holz entschieden vermeinte, nicht nur eine neue Form der Tragödie geschaffen zu haben, sondern in ihr überhaupt die Tragödie zur letzten Gipfelung gebracht zu haben. Und kehrt hier nicht auch das wirkungsvolle und gattungsgerechte Prin-

zip der drei Einheiten wieder? Straff konzentriert läuft das
Geschehen ab, obwohl der Eindruck einer Verselbständigung
von Episodischem, Anekdotischem, scheinbar nur Beiläufigem
sich oft einstellt und die illustrative Ausgestaltung der Cha-
raktere die ‚Handlung‘ weit zurückschiebt. Wenn Holz er-
klärte, das Fundamentalgesetz alles Dramatischen sei nicht die
„Handlung", sondern die „Darstellung von Charakteren",
trieb er wiederum eine seit G. E. Lessing angebahnte Entwicklung bis zur extremen Einseitigkeit. Aber der Eindruck
der Detailüberladung täuscht; genauerer Beobachtung ergibt
sich der dramatische Funktionsbezug noch der kleinsten szenischen Dialog- und Spielteilchen, wie es insbesondere dem
Typus des analytischen Dramas, das eine lange Vorgeschichte
in sich hereinnehmen muß, entspricht. Der erste Akt bringt,
mit dem Warten auf den Vater, dem Krankenlager Linchens
und dem Liebesverlöbnis zwischen Toni und Gustav Wendt,
eine sehr dichte Exposition. Der zweite Akt zeigt des berauschten Vaters Heimkehr, den Tod Linchens, damit die
katastrophale Gipfelung der Geschehnisführung. Der dritte
Akt, mit Tonis Resignation, führt in das Ausweglose zurück.
Der Kreis ist geschlossen, nichts hat sich verändert, die Situation in dieser Familie ist, nach Linchens Tod, noch schlimmer, noch hoffnungsloser geworden. Solcher Einheit des Ablaufes entspricht die Einheit der dargestellten Zeit zwischen
sechs Uhr abends und dem frühen Morgen des nächsten Ta-
ges. Die Annäherung der gespielten Zeit an die reale Spiel-
zeit, noch durch den sogenannten „Sekundenstil" erhöht, der
den Dialog und das Spiel genau im Zeitmaß der empirischen
Zeit hält, wurde ein wesentliches Mittel, den naturalistischen
Eindruck der Identität von szenischem Spiel und empirischer
Wirklichkeit zu suggerieren. Darstellungszeit und dargestellte
Zeit müssen, soweit es die „Reproduktionsbedingungen" er-
möglichen, zur Übereinstimmung gebracht werden. Mit der
Einheit der Zeit verbindet sich die statische Einheit des Rau-
mes. Es geschehen in ihm, an seinem Mobiliar keine Verände-
rungen – es sei denn durch die bitter-ironische Einführung des
Weihnachtsbaumes, der akzentuiert, daß hier kein Weihnachten gefeiert werden kann, kein Fest der Versöhnung und der
Freude, der himmlischen Erlösergeburt, so oft von Weihnachten auch geredet wird. Schließlich ergibt sich als ein neues
wesentliches Einheitsmoment die Einheit der ‚Stimmung‘, die

von Beginn an über dem Milieu und Geschehen liegt und sich
immer mehr verdickt, mit ihrem Bedrückenden fast den Le-
bensatem erstickt. Das eigentliche „Milieu" dieses Dramas ist
nicht die soziale Umwelt, sondern diese Stimmung, die Psy-
chisches ausdrückt und auf das Psychische lähmend zurück-
wirkt. Die Stimmung wird durch den Dialog erzeugt, aber
sie verselbständigt sich neben ihm als eine stumme, dichte
Atmosphäre, und sie wirkt derart wieder auf den Dialog zurück und teilt ihm Zusätzliches an suggestivem Ausdruck mit.
Darin, daß die Stimmung, das Atmosphärische so zum ex-
pressiv dramatischen Mittel werden kann, liegt vielleicht die
bedeutendste Dimensionserweiterung der dramatisch-szenischen Gestaltungselemente, die Holz und Schlaf entdeckt und
ausgebildet haben.

Es war nötig, angesichts des Selbstbewußtseins von Arno
Holz und Johannes Schlaf, in *Die Familie Selicke* etwas
schlechthin Neues und Eigenes geschaffen zu haben, auf die
Traditionen von Drama und Bühne zu verweisen, die hier –
den Autoren unbewußt – gegenwärtig blieben. Arno Holz
hat mit Emphase auch die Unabhängigkeit ihres Werkes von
ausländischen Mustern und Modellen betont und seinem Pro-
gramm der neuen Kunst ein nationalideologisches Gewicht zu-
gesprochen. Das Originäre seines Naturalismus sollte deutsch
originär sein. „Es wird dereinst erkannt werden: noch nie
hat es in unserer Literatur eine Bewegung gegeben, die von
außen her weniger beeinflußt gewesen wäre, die so von innen
heraus gewachsen, die mit einem Wort *nationaler* war, als
eben grade diejenige, vor deren weiterer Entwicklung wir
heute stehn und die mit unserm ‚Papa Hamlet' ihren ersten
sichtbaren Ausgang genommen. Die ‚Familie Selicke' ist das
deutscheste Stück, das unsere Literatur überhaupt besitzt. Es
ist auch nicht ein einziges Element in ihr und wäre es auch
noch so winzig, das uns von jenseits der Vogesen zugeflogen
wäre, von jenseits der Memel, oder von jenseits der Eider.
Und wenn uns nichts dafür ein Beweis gewesen wäre, nicht
einmal die Tatsache selbst, die unerhörten Beschimpfungen,
die damals auf uns niederprasselten, hätten uns hinlänglich
darüber die Augen öffnen müssen."

Diese Behauptung war allerdings nicht ungerechtfertigt,
wenn man das Ausmaß der Umformung und Neuerung in
den technischen Mitteln der dramatisch-szenischen Gestaltung

überprüft und – was hier nicht geschehen kann – in Bezug zu Ibsens, Strindbergs, Tolstois Bühnenwerk und dem zeitgenössischen französischen Drama bringt. Eine Veränderung des Dramas bedeutete für Holz eine Veränderung seiner Sprache. Denn das Drama ist Sprachwerk, es baut Ereignisse, Personen, Milieu mit den Mitteln der Sprache, im Dialog, auf, und dem Drama eine Wahrheit zurückzugeben, die es nicht mehr ,Theater' sein ließ, sondern es mit allem Ernst der Wirklichkeit füllte – dies bedeutete in der Tat neue Anforderungen an die dramatische Sprache. Die Entwicklung jeder Kunst beruhte nach Holz „in erster Linie auf der Entwicklung ihrer Mittel". Da er primär von der Dichtung, nicht von der Bühne aus dachte, mußte ihm die Sprache zum entscheidenden Reproduktionsmittel für das Drama werden: die Technik des Dialogs, die Lautwerdung des ganzen Menschen mit allen seinen naturhaften Emotionen, Trieben und Instinkten, die Lautwerdung des Milieus mit allen seinen Begleit- und Nebengeräuschen. Es bezeichnet eine neue Phase des Dichtungsverständnisses, daß Holz darauf bestand: „eine Erneuerung unserer Literatur ... kann nur erfolgen aus einer Erneuerung ihres Sprachblutes", und daß ihm deutlich wurde: „Kein Mittel ist umfassender als das Wort. Es ersetzt, möchte man fast sagen, bis zu einem gewissen Grade jedes übrige Mittel." Die Negation der „Sprache des Theaters" zugunsten der „Sprache des Lebens", die nach Ansicht von Holz „weder Shakespeare, Schiller noch Ibsen, überhaupt noch niemand bisher, zu keiner Zeit und in keinem Volke" getroffen hatte, hing für ihn aufs engste zusammen mit der Negation des Handlungsdramas zugunsten des Dramas der Charakterdarstellung. „Wäre das von der alten Ästhetik hypostasierte Gesetz, Handlung ist die letzte Absicht des Theaters, wirklich das richtige gewesen, das der Realität parallele: unsere technische Neuerung – die Sprache des Lebens, die wir an die bisherige von Papier setzten – wäre von absolut keiner Bedeutung gewesen. Denn eine Handlung bleibt naturgemäß dieselbe, ob ich sie durch eine primitive oder eine differenzierte Ausdrucksweise begleite. Verhält es sich aber gewissermaßen umgekehrt, und ist, wie ich behaupte, der Mensch selbst und seine möglichst intensive Wiedergabe das Kerngesetz des Dramas, so liegt auf der Hand, daß unsere Revolutionierung des dann zentralsten Mittels dieser Kunst eine so tiefgründige war, wie sie als Basis einer neuen Entwicklungsmöglichkeit tiefgründiger nicht einmal gedacht werden konnte."

Die Intensivierung und Differenzierung der sprachlichen Mittel, ein impressionistisches Verfahren, von Sekunde zu Sekunde noch die kleinsten psychologischen und stimmungshaften Nuancen und alle aus dem Unterdrückten oder dem Unbewußten aufsteigenden und in es zurücksinkenden Emotionen, Stimmungen und Launen auszudrücken, überbrückte den Abstand zwischen der Wirklichkeit und dem Reproduktionsmittel. Sprache und Sprechen wurden „naturlogisch" verstanden; die Sprache wurde aus dem künstlichen Atelierlicht in das natürliche Freilicht gebracht. Die Revolution der Sprache mußte, davon war Holz überzeugt, so wirksam sein, daß schließlich überhaupt kein Stein der alten Konvention auf dem anderen bliebe. Die Entscheidung zu ihr war für ihn die Grenze, hinter der eine neue und erst zum Vollkommenen führende Epoche der Kunst begann. In der Tat gab es wohl bisher keinen Autor, der das Drama mit solcher Stringenz als Sprachwerk auffaßte, und es ist ersichtlich, daß sich das Verhalten des Dramatikers zu seiner Sprache (z. B. Carl Sternheim, Georg Kaiser, Bertolt Brecht) seit Holz erheblich geändert hat. Der Monolog, das Beiseite-Sprechen mußten strengstens vermieden werden, da sie der Wirklichkeit nicht entsprachen. An beider Stelle trat – als höchst differenziertes Ausdrucks- und Wirkungsmittel – das stumme Spiel, die bedeutungsvolle Dialogpause, damit eine kunstvolle Ausarbeitung des Mimischen und Gestischen, das bis in jede Nuance der Gebärde ausdrücken mußte, was in dem dargestellten Menschen vorging und im Dialog ausgespart wurde. Den „ganzen" physisch-psychischen Menschen sprachlich einzufangen: das hieß, zum Ausdruck zu bringen, was in ihm aus dem Unbewußten aufsteigt und alle jene Schwankungen und Mischungen von Gefühl und Stimmung ausdrückt, die, oft mit abrupten Umschlägen oder Widersprüchen, in ihm ruhelos ablaufen. Ein zeitgenössischer Kritiker, Franz Servaes, bemerkte treffend über diese ‚Mimik der Rede': „jene kleinen Freiheiten und Verschämtheiten jenseits aller Syntax, Logik und Grammatik, in denen sich das Werden und das Sichformen eines Gedankens, das unbewußte Reagieren auf Meinungen und Gebärden des Mitunterredners, Vorwegnahme von Einwänden, optatio benevolentiae und alle jene leisen

Regungen der Seele ausdrücken, über die die Widerspiegler
des Lebens sonst als ‚unwichtig‘ hinwegzuleiten strebten, die
aber gerade meist das ‚Eigentliche‘ enthalten und verraten“.
Und Theodor Fontane, nun wahrhaft der legitimste Beurtei-
ler, hob in seiner Besprechung der Uraufführung hervor, der
„Berliner Ton“ sei so getroffen, „daß auch das Beste, was wir
auf diesem Gebiete haben, daneben verschwindet“. So entsteht eine Unmittelbarkeit der Äußerungen, eine Echtheit der
Reaktionen, die nicht durch die gedanklich formulierende
Selbstkontrolle gebrochen wird, sondern den Menschen im
unvermittelten Reagieren auf alles, was um ihn herum ge-
schieht, ihm gesagt wird oder in ihm selbst vorgeht, darstellt.
Dazu gehört das abgebrochene Reden, das Gestammel, das
Seufzen, Stöhnen und Japsen, das Redeungeschick, das immer
wieder ansetzt und abbricht und zeigt, wie im Akt des Spre-
chens nach den Worten gesucht, um sie gerungen wird, die
Sprache jeweils aus dem Individuellen im spezifischen Augenblick entsteht und wieder in es zurückfällt. Da es keine „fer-
tige“ Sprache gibt, fällt alles Metaphorische und Verschö-
nende aus. Es war Holz und Schlaf wesentlich, die Sprache
als eine gesprochene Sprache – mit allen Färbungen von Jar-
gon, Redensartlichem, Idiom und Dialekt –, als lautliche Er-
scheinung, damit körperlich-mimisch wiederzugeben. Die Dia-
logsprache erhält einen mimischen Körper, sie geht in die
Gebärde, in das stumme Spiel über, das, immer wieder Bild,
Abbildung werdend, zum Akustischen das Optische hinzu-
fügt. Man beachte die Vielzahl der ‚sprechenden‘ Bildarrange-
ments in den Szenenbemerkungen, die pedantisch genau die
Aktionen festlegen und damit die Sphäre des freien Spiels,
wie sie zum alten Theater gehörte, auf ein Minimum zurück-
pressen. Das Schweigen wird ebenso, mit allen mimischen
Arrangements der Stellung im Bühnenraum, des Herumsit-
zens, Herumstehens, zur dramatischen Aktion wie der Dialog.
Der Bühnenraum spielt intensiv mit, ebenso seine Neben-
räume. Das Gestaltungsgewicht liegt auch in der Dialog-
führung auf der nuancierten Ausgestaltung der szenischen
Situation, auf der retardierenden Verselbständigung von
Einzelwort und Einzelgebärde.
    Damit wird die finale Zielspannung des traditionellen Dia-
logs weitgehend beseitigt. An ihre Stelle tritt – charakteri-
stisch für die Sprachgestaltung des ‚modernen‘ Dramas seit

Arno Holz und der *Familie Selicke* – das Verharren und
Stocken des Dialogs, seine Kreisbewegung, ein fast mechanisches Wiederholen – Ausdruck der Unveränderlichkeit des
Zustandes, die sich in fixierten sprachlichen Reprisen, in den
Begrenzungen der Ausdrucksmöglichkeiten der einzelnen Personen abbildet. Diese Personen kehren auch sprachlich immer
wieder, in sich gefangen, zu sich selbst zurück. Die Schwierigkeit des inneren Kontaktes drückt sich in den Hemmungen
eines flüssigen Dialoges aus. Man tastet sich an den andern
heran – so die Dialoge zwischen Gustav Wendt und Toni –,
man verschließt sich den Worten des andern, nur im eigenen
engen Vorstellungskreis befangen – so Mutter Selicke. Oder
der Dialog bricht immer wieder ab, weil man den Partner
nicht erreicht. Dies wird am deutlichsten in den Dialogen mit
dem berauschten Vater, der überhaupt nicht hört, nicht versteht, sich wie ein Fremdkörper innerhalb seiner Familie bewegt, für ihre scheue, bedrückte Liebe taub ist, und dort, wo
nun er selbst auf eine Antwort wartet, nur auf Abwehr und
Angst, Erstarren und Schweigen trifft. Die Führung des Dialogs wird zur unmittelbaren Bekundung der gegenseitigen
Entfremdung dieser Menschen, ihrer Unfähigkeit, im engsten
Beieinander zu einer Gemeinsamkeit zu gelangen, obwohl sie
sich alle danach sehnen. Sie werden in das Monologische zurückgedrängt, das sich im unwillkürlichen Sich-Selbst-Verraten, im sprachlichen oder gebärdenhaften Durchbrechen ihres
Halb- und Unbewußten auslebt. Dem Zerfall der menschlichen Beziehungen entspricht der Sprachzerfall – aber er
wird künstlerisch zum Mittel, eine Vielheit von Tönungen
der Emotionen, Stimmungen und Affekte wiederzugeben, wie
sie der stilisiert flüssigen Sprache des älteren Dramas schwer
zugänglich wurde. Arno Holz hat nur einen großen Vorgänger, von dem er allerdings, soweit ich sehe, niemals gesprochen hat: Georg Büchner, den Dichter des *Woyzeck*, der
eben damals seine Neuentdeckung erfuhr. In das akustisch
reich instrumentierte Sprach-Ensemble werden zudem die Geräusche einverflochten, die von außerhalb dieser Stube kommen und über einen eigenen, symbolisierend kommentierenden Stimmungswert verfügen: das drohende, schwere Poltern
des berauscht heimkehrenden Vaters auf der Hintertreppe,
der aufdringlich laute, übermütig-schrille Weihnachtsgesang
der Kinder am frühen Morgen vor der Flurtür, der Glocken-

klang aus der Stadt im ersten Akt, der zu Gustav Wendts und Tonis Liebesgespräch einleitet, und vor allem der Glokkenklang, der allzu feierlich und stimmungswirksam beider Abschied am Schluß des Spiels durchtönt. Damit erweist sich, wie, trotz aller Prätention der unmittelbaren Wirklichkeitsreproduktion, die Verfasser auswählend und instrumentierend im Arrangement der Wirkungsmittel gegenwärtig sind und das, was als bare Wirklichkeitswiedergabe unkünstlerisch auseinanderbrechen würde, einer zur ‚poetischen‘ Einheit schließenden Ordnung und Gliederung unterwerfen.

Wir haben darauf verwiesen, daß das stoffliche Material, der Bauplan und die Wirkungsmittel vielfach auf Traditionen der dramatischen Vergangenheit, vor allem des bürgerlichen Trauer- und Rührungsspiels zurückdeuten. Heinrich Hart ging nicht fehl, wenn er, obwohl mit fragwürdiger Akzentsetzung, nach der Uraufführung schrieb: „Glücklicherweise sind aber auch Holz und Schlaf in der Praxis viel zu echte Dichter, als allzu konsequent zu sein: die Wirkungen, die sie mit ihrem Drama erreichen und die vor allem Rührwirkungen sind, lassen sich zumeist auf Mittel der alten inkonsequenten Kunst zurückführen und einen wohlberechneten Bauplan, nach dem die Wirklichkeit sich selbst kaum je vollzieht, auf packende Aktschlüsse und dergleichen mehr.“

Der Verein Freie Bühne unter der mutigen, vorausschauenden Leitung von Otto Brahm, dem unermüdlichen und blicksicheren Protektor des jungen neuen Dramas, dem Begründer und Erzieher einer naturalistischen Bühnenkunst, brachte am 7. April 1890 *Die Familie Selicke* zur von „Enthusiasmus und Wut“, nach Holz’ brieflicher Äußerung, bereits vor ihrem Ereignis umbrandeten Uraufführung. Arno Holz empfand sie als einen Erfolg. „Alle Umstände in Betracht gezogen, war der Applaus des Publikums, das durch die Neuheit des Gebotenen verblüfft hätte sein müssen, indem eine starke Opposition gegen das Stück a priori existierte, die alles aufbot, um einen Durchfall zu erzielen, ein gradezu überraschender gewesen. Daß der Erfolg ein absolut sieghafter sein würde, hatte niemand von uns vorausgesetzt. Er hätte uns nur an uns selbst irremachen können. Alles Neue und Große wird zuerst bezischt! Denk doch nur an den einen alten Ibsen zurück! Wie brüllte noch alle Welt vor fünf Jahren gegen ihn, und heute? Heute liegt alles vor ihm auf dem Bauche.

Schmutz auf alle die Banausen! Die Kunst machen wir und nicht die. Basta!" (Brief vom 22. 7. 1890).

Anders hat der Rezensent des ‚Berliner Courier‘, Isidor Landau, berichtet. „Unter einem widerwärtigen Tumult, mehr einem Lärm, den die armselige dramatische Mißgeburt auch nicht im entferntesten verdiente, wurde am Ostermontag in der Freien Bühne ‚Die Familie Selicke‘ abgelehnt. Als völlig ungerufen die beiden Verfasser auf der Bühne erschienen, klang ihnen ein hundertstimmiges ‚raus!!‘ entgegen. Auch wortreichere, aber keineswegs schmeichelhaftere Zurufe drangen durch die betäubende akustische Rauferei, zwischen Zischen, Applaus und Bravogedröhn. Diese ohrverletzenden, fanatischen Massenkämpfe bilden die unleidlichste Errungenschaft der Freien Bühne." Otto Brahm nahm diese Rezension zum Anlaß, in dem Essay ‚Raus!‘ in der Zeitschrift ‚Freie Bühne für modernes Leben‘ am 16. April 1890 eine ironischtemperamentvolle Antwort zu geben. Er verteidigte mit diesem Drama den Naturalismus überhaupt gegen die Tyrannen der öffentlichen Meinungen und Vorurteile, gegen den falschen, bequemen Doktrinarismus einer altgläubigen Erbauungs- und Erhebungsästhetik. „Mundtot machen oder diskreditieren durch Schlag- und Schreckworte, die den Philister ängstigen – die Kunst wird immer von neuem eifrig betrieben. Und der Doktrinarismus derer, die aufs genaueste wissen, was der ‚Zweck‘ des Dramas ist, vollendet dann das Spiel: Drama ist Handlung, heißt es, die ‚Familie Selicke‘ hat keine Handlung, also ist sie verfehlt, verwerflich, elend: ’raus!…" Otto Brahm hielt sein ästhetisch-dramaturgisches Urteil über das Drama zurück, er hat sich auch später gegenüber Dramen von Arno Holz zu dessen erbittertem Leidwesen äußerst zurückhaltend gezeigt. Es ging Brahm in dieser souveränen Polemik um Recht und Freiheit einer neuen, jungen Dichtung, um den Mut zum eigenen Weg „abseits von Konvention und den überlieferten Kunstregeln".

Das positivste, die beiden Autoren beglückende Urteil kam, in einer Rezension in der ‚Vossischen Zeitung‘, von dem alten Theodor Fontane, der allem Jugendlichen auf eine wunderbare Weise vorurteilslos, bereit zu verstehen und zu helfen, aufgeschlossen war. Es erhielt ein besonderes Gewicht, da er sich schon über Gerhart Hauptmanns *Vor Sonnenaufgang* überaus zustimmend geäußert und ihm den Weg auf die

Bühne geöffnet hatte, die natürlich nur die Bühne seines jün-
geren Freundes Otto Brahm sein konnte. „Die gestrige Vorstellung der ‚Freien Bühne‘ brachte das dreiaktige Drama der
Herren Arno Holz und Johannes Schlaf: ‚Die Familie Selicke‘. Diese Vorstellung wuchs insoweit über alle vorher-
gegangenen an Interesse hinaus, als wir *hier* eigentlichstes Neu-
land haben. Hier scheiden sich die Wege, hier trennt sich alt
und neu. Die beiden am härtesten angefochtenen Stücke, die
die ‚Freie Bühne‘ bisher brachte: Gerhart Hauptmanns ‚Vor
Sonnenaufgang‘ und Leo Tolstois ‚Die Macht der Finsternis‘
sind auf ihre Kunstart, Richtung und Technik hin angesehn,
keine neuen Stücke, die Stücke, bzw. ihre Verfasser haben
nur den Mut gehabt, in diesem und jenem über die bis dahin
traditionell innegehaltene Grenzlinie hinauszugehen, sie haben eine Fehde mit Anstands- und Zulässigkeitsanschauungen
aufgenommen und haben auf dem Gebiete dieser kunstbezüg-
lichen, im Publikum gang und gäben Anschauungen zu refor-
mieren getrachtet, aber nicht auf dem Gebiete der Kunst
selbst. Ein bißchen mehr, ein bißchen weniger, das war alles.
Die Frage ‚Wie soll ein Stück sein?‘ oder: ‚Sind nicht Stücke
denkbar, die von dem bisher Üblichen vollkommen abwei-
chen?‘ diese Frage wurde durch die Schnapskomödie des einen
und die Knackkomödie des anderen kaum berührt. Ich darf
diese Worte wählen, weil ich durch mein Eingenommensein
für beide vor dem Verdacht des Übelwollens geschützt bin.“
Mit sicherem Blick hat Theodor Fontane hier den Einsatz
einer neuen revolutionierenden Kunst-Technik erkannt, · die
seinen eigenen erzählerischen Bemühungen entgegenkam, wie
sie denn auch bei Holz und Schlaf aus dem Experiment des
Erzählens heraus erwachsen war. Aber Fontane meldete Bedenken gegen die Stoffwahl an. „*Einmal* geht das, *einmal* laß
ich mir das gefallen, sogar unter wärmster und bewundern-
der Anerkennung. Und wenn der Ostermontag mal wieder
auf den 7. April fällt, dann mag es auch mal wieder gehen,
aber doch immer nur in Abständen, in Etappen. Um Him-
mels willen keine ‚Kontinuation‘, ein Punkt, der nicht genug
betont werden kann. Denn allerdings scheint der moderne
Realismus eine traurige Tendenz nach dem Traurigen zu haben, und mit dieser Tendenz muß er rechnen, wenn er sich
seiner Widersacher erwehren, wenn er leben will.“ Dennoch
schloß Fontane mit einer weitschauenden Zustimmung. „Darf

ich aber eine Vermutung aussprechen, so wird diesen Stücken, ‚die keine Stücke sind‘, doch die Zukunft gehören, zum mindesten werden sie Bürgerrecht haben und, von meinem Gefühlsstandpunkt aus, auch mit Recht."

Die Familie Selicke hat keine große und gloriose Bühnengeschichte gehabt. Der Ruhm des neuen, bahnbrechenden Dramatikers fiel Gerhart Hauptmann zu – zur bitteren, sich oft sehr heftig äußernden Enttäuschung von Arno Holz. Zudem knüpfte sich besonders an *Die Familie Selicke* der unerfreuliche Streit zwischen Arno Holz und Johannes Schlaf, in dem jeder dem anderen seinen Anteil an dem Werk bestritt. Auf der Bühne erlitt *Die Familie Selicke* das Geschick vieler experimentierender Literaturwerke: ihre kühn-bedeutenden Anregungen werden von anderen verarbeitet, für welche die Schwierigkeiten der ersten Entdeckung und Erkenntnis bereits überwunden sind. Ohne den konsequenten Beginn der *Familie Selicke* wäre jedoch das naturalistische Drama nicht zu seiner spezifischen Formprägung gelangt. Hermann Bahr hat dies beschrieben. „Die ‚Familie Selicke‘ . . . schuf die Sprache des deutschen Theaters für die nächsten fünfzehn Jahre. Zugleich machte sie eine neue Schauspielkunst nötig, zu der Brahm dann Reicher, Rittner und die Lehmann erzogen hat . . . Aber von Holz ging dieser Stil aus und von Holz stammt das Schema des naturalistischen Dramas in Deutschland. Den an den Worten flimmernden Glanz, durch den sich der Sprecher eigentlich erst verrät, nun durch Zeichen zu fixieren, den Akzent nicht mehr dem flüchtigen Leser, nicht mehr der Willkür des Schauspielers, der gern alles in denselben sonoren Bariton tunkt, zu überlassen, sondern durch eine ganze Partitur von Lauten, Punkten und Hauchen an jeder Stelle den einen, den einzigen Ton zu erzwingen, auf den es hier ankommt, hat Holz zum erstenmal versucht und so (da der Schauspieler ja die Rede mimisch begleiten muß und sich ihm jeder Tonwechsel gleich auch im Gebärdenspiel umsetzt) unsere Schauspielkunst erneut, wahrscheinlich mehr, als wir heute schon wissen können . . ."

Fritz Martini

Einakter des Naturalismus

Hrsg. von Wolfgang Rothe. Universal-Bibliothek Nr. 9468 [3]

Autoren: P. Ernst, O. E. Hartleben, G. Hirschfeld, A. L. Kielland, R. M. Rilke, A. Schnitzler, C. Viebig, W. Weigand

Lyrik des Naturalismus

Hrsg. von Jürgen Schutte. Universal-Bibliothek Nr. 7807 [4]

Autoren: Fr. Adler, W. Arent, K. Bleibtreu, H. Conradi, R. Dehmel, A. v. Hanstein, H. Hart, J. Hart, O. E. Hartleben, G. Hauptmann, K. Henckell, A. Holz, O. Jerschke, O. Kamp, J. H. Mackay, M. R. v. Stern, B. Wille

Prosa des Naturalismus

Hrsg. von Gerhard Schulz. Universal-Bibliothek Nr. 9471 [4]

Autoren: H. Bahr, O. J. Bierbaum, H. Conradi, P. Ernst, O. E. Hartleben, G. Hauptmann, P. Hille, A. Holz, M. Kretzer, Ph. Langmann, D. v. Liliencron, J. H. Mackay, O. Panizza, W. v. Polenz, St. Przybyszewski, J. Schlaf, A. Schnitzler, F. Wedekind

Theorie des Naturalismus

Hrsg. von Theo Meyer. Universal-Bibliothek Nr. 9475 [4]

Autoren: C. Alberti, H. v. Basedow, L. Berg, K. Bleibtreu, W. Bölsche, E. Brausewetter, M. G. Conrad, H. Conradi, E. G. Christaller, Ch. v. Ehrenfels, M. Flürscheim, W. H. Friedrichs, R. Goette, E. Haeckel, M. Halbe, H. Hart, J. Hart, G. Hauptmann, K. Henckell, J. Hillebrand, A. Holz, L. Jacobowski, F. v. Kapff-Essenther, W. Kirchbach, E. Koppel, H. Merian, M. Nordau, E. Reich, J. Röhr, J. Schlaf, B. v. Suttner, I. v. Troll-Borostýani, O. Welten, E. Wolff, E. Zola

Philipp Reclam jun. Stuttgart

Arno Holz

Phantasus. Verkleinerter Faksimiledruck der Erstfassung. Herausgegeben von Gerhard Schulz. 8549 [2]

Sozialaristokraten. Komödie. Herausgegeben von Theo Meyer. 9982 [2]

Die Kunst. Ihr Wesen und ihre Gesetze. – Revolution der Lyrik. In: Theorie des Naturalismus. Herausgegeben von Theo Meyer. 9475 [4]

Arno Holz / Johannes Schlaf

Die Familie Selicke. Drama. Nachwort von Fritz Martini. 8987

Papa Hamlet. Ein Tod. Im Anhang: »Ein Dachstubenidyll« von Johannes Schlaf. Nachwort von Fritz Martini. 8853 [2]

Der erste Schultag. – Die papierne Passion. In: Prosa des Naturalismus. Herausgegeben von Gerhard Schulz. 9471 [4]

Krumme Windgasse 20. Studie aus dem Studentenleben. In: Die deutsche Literatur in Text und Darstellung. Band 12: Naturalismus. Herausgegeben von Walter Schmähling. 9645 [4]

Johannes Schlaf

Meister Oelze. Mit einem Nachwort von Gerhard Schulz. 8527

PHILIPP RECLAM JUN. STUTTGART